Aelin Bastardo
2004

El feng shui promete que al crear armonía en su casa y lugar de trabajo, aumentará su paz, prosperidad, felicidad, salud, alegría, amor y suerte. Esto es debido a que sus mundos exterior e interior no sólo están conectados, también se influencian entre sí en todo momento.

Las antiguas pautas del feng shui abarcan todos los aspectos de la vida de la forma más práctica y detallada. Por ejemplo, el feng shui revela dónde debería usted vivir o trabajar para atraer prosperidad, qué sitios evitar, qué forma de entrada atrae dinero, qué tipo de mesa estimula armonía y cuáles colores crean más paz, alegría y encanto en su casa.

Acerca del autor

Durante diez años Selena Summers (australiana) ha escrito una columna sobre feng shui en la popular revista de su país, *Woman's Day*. Sus lectores aclamaron *Feng Shui in 5 Minutes* como "el libro sobre feng shui más fácil de usar en el mundo".

Para escribir al autor

Para contactar o escribir a la autora, o si desea más información sobre este libro, envíe su correspondencia a Llewellyn Español. La casa editora y la autora agradecen su interés y comentarios en la lectura de este libro. Llewellyn Español no garantiza que todas las cartas enviadas serán contestadas, pero sí le aseguramos que serán remitidas a la autora. Por favor escribir a:

Selena Summers
% Llewellyn Español
P.O. Box 64383, Dept. 0-7387-0292-7
St. Paul, MN 55164-0383, U.S.A.

Incluya un sobre estampillado con su dirección y $US1.00 para cubrir costos de correo. Fuera de los Estados Unidos incluya el cupón de correo internacional.

Muchos autores de Llewellyn tienen sitios en Internet con información y recursos adicionales. Para más información, visite nuestro website en:

http://www.llewellynespanol.com

FENG SHUI
práctico
y al instante

SELENA SUMMERS

Traducido al idioma español por

Héctor Ramírez y Edgar Rojas

2003
Llewellyn Español
St. Paul, Minnesota 55164-0383, U.S.A.

PRIMERA EDICIÓN
Primera Impresión, 2003

Edición y coordinación: Edgar Rojas
Diseño del Interior: Michael Maupin
Arte de la portada © 2002: PhotoDisc
Diseño de la Portada: Lisa Novak
Ilustración de la pág. 6: Cortesía de Adele Summers
Ilustraciones del interior: Kevin R. Brown
Traducción al idioma Español: Edgar Rojas

Biblioteca del Congreso. Información sobre esta publicación.
Library of Congress Cataloging-in Publication Data
Pendiente – Pending

Summers, Selena, 1945–

ISBN 0-7387-0292-7

Llewellyn Español
Una división de Llewellyn Worldwide, Ltd.
P.O. Box 64383, Dep. 0-7387-0292-7
St. Paul, MN 55164-0383, U.S.A.
www.llewellynespanol.com

Impreso en los Estados Unidos de América

Para Jack y Adele Summers, mis padres,
quienes siempre le dieron a los libros
un sitio de honor en nuestra casa.

Contenido

Capítulo Uno

Bienvenido al misterioso arte del feng shui

lo básico

¿Qué es el misterioso arte del feng shui?

Se ha preguntado por qué se sintió más feliz o mejor en un lugar que en otro? Lo que sintió es feng shui bueno. ¿Se ha sentido extrañamente inquieto en algún sitio, pero no puede explicar por qué? Lo que sintió fue feng shui malo (también conocido como *sha qi*).

Casi todo el mundo se sorprende al descubrir que en realidad han experimentado feng shui bueno o malo. De hecho, la mayoría de personas conoce una casa que parece colmar de buena o mala suerte a quien viva ahí.

Sin embargo, el feng shui es más que sólo una atmósfera buena o mala.

Tiene que ver con la energía de un lugar. Usted oirá cien definiciones diferentes. Algunos lo llaman el arte chino de organizar muebles y casas para promover riqueza y salud. Otros lo llaman astrología terrenal.

Una famosa definición es el "antiguo arte chino de la colocación". Esto se debe a que el feng shui busca el lugar más armonioso para todo en el universo, desde una cama, escritorio o estufa, hasta la casa en una ladera. La filosofía del feng shui abarca un área enorme.

¿La definición más simple? El feng shui busca aumentar la armonía en su entorno.

¿Cómo puede mejorar mi vida el feng shui?

El feng shui promete que una vez que usted cree armonía en su casa, lugar de trabajo y alrededores, aumentará su paz, prosperidad, felicidad, salud, alegría, amor y suerte. Esto sucede porque sus mundos exterior e interior no sólo están conectados, también se influencian entre sí constantemente.

Las antiguas pautas del feng shui abarcan todos los aspectos de la vida de la forma más práctica y detallada. Por ejemplo, el feng shui revela dónde debería usted vivir o trabajar para atraer prosperidad, qué sitios evitar, cuál forma de entrada para carros atrae dinero, qué clase de mesa estimula la armonía, y qué colores crearán más paz, alegría y encanto en su casa.

Incluso la psicología moderna está de acuerdo con muchos aspectos del feng shui. Algunos arquitectos preguntan si el misterioso "síndrome del edificio enfermo", en el cual ciertos ocupantes sufren cansancio y trastornos desconcertantes, es sólo otro nombre para el feng shui malo.

Deseo mucho dinero. ¿Puede ayudarme el feng shui?

¡Sí! Los antiguos sabios chinos estaban tan interesados como nosotros en ser más ricos. El feng shui le habla de sitios "imanes de dinero" secretos que invitan a que la riqueza llegue a usted, o dónde encontrar la prosperidad dorada. Apunte en su casa, qué formas de entrada de carros atraen riqueza, o cómo una vista de paredes descubiertas la repelen, y qué diseños de casas expulsan el dinero por la puerta trasera más rápido de lo que puede entrar.

Descubrirá cientos de indicaciones poco conocidas para que la prosperidad llegue rápidamente a su casa.

¿Qué significan las palabras feng shui?

Feng significa "viento", y *shui* "agua". Algunos dicen que esto se debe a que el feng shui es tan insondable como el viento y el agua. Otros afirman que es porque el viento (energía vital qi, o espíritu) y el agua proveen la base de toda nueva creación. Estos son los poderes elementales ocultos que influencian el destino humano.

¿Cómo se pronuncia feng shui?

Yo lo pronuncio "fong shuey", ya que suena para mí como la pronunciación en mandarín. La cantonesa y otras pronunciaciones suenan como "fung shui", "fong shui", "fong shoy", "fung shoy", "fong soy", "fang soy", o incluso "fuung swi". No importa. Hay por lo menos ocho dialectos importantes en China, y muchos suenan tan diferentes del estándar chino o mandarín, como lo hacen el francés y el alemán en comparación al inglés.

¿Cuándo y dónde empezó el feng shui?

Los eruditos difieren en las fechas, pero recientes excavaciones arqueológicas sugieren que probablemente el feng shui se originó entre el segundo y cuarto siglo a. de C. De hecho, la primera brújula fue inventada en China para los propósitos del feng shui, no para la navegación.

En los primeros días del arte, los grandes maestros del feng shui aconsejaban exclusivamente a los emperadores y eran llevados a los sitios en sillas de manos. Guardaban celosamente su conocimiento, y mucho del feng shui buscaba encontrar un lugar de entierro propicio para los pocos privilegiados.

Al pasar el tiempo, el interés cambió por el deseo de encontrar lugares que trajeran suerte, felicidad y buena fortuna a los vivos. Muchos sitios antiguos, como la ciudad prohibida en Pequín (ahora llamada Beijing), fueron construidos de acuerdo a principios del feng shui, y apareció uno de los primeros libros sobre este arte, *The Yellow Emperor's Dwelling Classic* (La vivienda clásica del emperador amarillo).

En tiempos imperiales era posible para las personas demandarse entre sí por infringir las normas del feng shui bueno. Durante el régimen británico en Hong Kong, millones de dólares fueron pagados como indemnización a personas que afirmaron que su feng shui bueno fue dañado por edificios y carreteras del gobierno.

¿Dónde se practica el feng shui actualmente?

Como la cultura china viajó, también lo hizo el feng shui —al principio a través de Oriente—. Recientemente la moda de este arte se extendió alrededor del mundo occidental.

Estrellas de cine y celebridades ahora buscan expertos en feng shui para que les ayuden a armonizar sus vidas y mansiones. Todo el mundo, desde Catherine Zeta-Jones y la estrella de *X-Files* David Duchovny, hasta el billonario Richard Branson, emplean los poderosos remedios de este arte.

En Londres, importantes equipos de fútbol siguen los principios del feng shui. En Australia, los casinos se diseñan teniendo en cuenta el feng shui, y empresas internacionales lo aplican para aumentar sus ganancias. Desde París a Nueva York, la gente quiere aprender los secretos de este fascinante arte.

Por supuesto, la meca del feng shui sigue siendo Hong Kong, donde incluso antes de que un edificio es construido, un experto en este arte se une al equipo de diseño. En Hong Kong, si usted ve una casa que ha quedado vacía sin razón aparente, probablemente es un caso de feng shui malo. Nadie deseará ocuparla, sin importar lo alta que esté la demanda de viviendas. Singapur tiene una fuerte tradición de feng shui, mientras algunos países orientales como Japón y Tailandia practican una forma un poco diferente.

¿El antiguo arte del feng shui se ajusta a nuestro mundo moderno?

¡Ya lo creo! ¿No le gustaría tener más energía y vitalidad? ¿No le gustaría aumentar su armonía, salud, riqueza, felicidad, alegría y suerte?

Además, a medida que la vida moderna se hace cada vez más estresante, más personas quieren crear un refugio de confort en su hogar. Todos deseamos que nuestras viviendas sean lugares donde podamos recargar las baterías.

La antigua sabiduría de los chinos ha sido preservada por sabios durante miles de años. ¿Por qué no tener una mente abierta y beneficiarse de secretos cuidadosamente guardados?

¿El feng shui se relaciona con la intuición?

Sí. Por ejemplo, la famosa advertencia del feng shui de siempre notar la primera impresión al entrar a un lugar o construcción, se relaciona estrechamente con la intuición. Una rama completa del feng shui es incluso llamada "escuela intuitiva".

La mayoría de mujeres aprende el feng shui muy fácilmente, porque ellas a menudo usan su intuición natural. Pero, cualquiera que estudie este arte será más intuitivo. Empiece observando qué espacios vitales o de trabajo lo energizan, y cuáles lo perturban o desalientan.

¿Cuántas escuelas de feng shui existen?

Muchas. El feng shui abarca un área tan enorme, que es natural que hayan surgido diferentes escuelas o ramas con el paso de los siglos. Cada una enfatiza un área ligeramente distinta.

Por ejemplo, la "escuela de la forma" trata las formas, la "escuela de la brújula" se concentra en las direcciones de este instrumento, y la "escuela de las nueve estrellas" hace un gran uso de la antigua astrología de las nueve estrellas. La más moderna "escuela intuitiva" se explica por sí misma.

El feng shui de la puerta del dragón es un tipo internacional de este arte. Basado en antiguos textos, también emplea la intuición. Ofrece una gran ventaja —se aplica en los dos hemisferios, pues sus principios se enfocan en la posición existente de las puertas—.

Muchos libros de feng shui me confunden, en especial sus complejos cuadros y reglas sobre las direcciones de la brújula. ¿Cuál es el método más fácil y práctico?

¡Lo tiene en sus manos! El feng shui de la puerta del dragón.

Las personas escriben a mi columna de feng shui en la revista *Woman's Day* de Australia, desde todas partes del mundo, para decir lo difícil que encuentran algunos libros de feng shui.

Si usted es un emperador o magnate muy rico, no debe dudar en vivir en una casa con la puerta principal mirando a cierta dirección de la brújula. Pero la mayoría de gente necesita ser práctica.

Por tal razón este libro usa principios del feng shui de la puerta del dragón, fáciles de seguir pero poderosos, compendiados por el profesor Vincent Wu, un antiguo gran maestro de Hong Kong, con quien estudié durante muchos años.

El profesor Wu, uno de los principales consultores de feng shui en el mundo, es célebre por la brillante forma en que adaptó antiguos principios orientales en formas modernas occidentales. Aunque consultó con bancos internacionales, compañías multinacionales y potentados de la industria, sus métodos de feng shui se adaptan igualmente bien a casas, jardines, oficinas y lugares de trabajo de cualquier parte del mundo.

¿Qué son el yin y el yang?

Yin y yang son las dos fuerzas básicas y opuestas del universo, y juntas forman un todo equilibrado. Interactúan constantemente para crear todas las cosas y aparecieron cuando la fuerza vital invisible se dividió en dos por primera vez.

El yin es representado como femenino, noche, Luna, pasivo, oscuro, frío y suavidad. El yang se representa como masculino, día, activo, luz, calor y dureza. Cada fuerza lleva consigo la semilla de la fuerza opuesta.

¿Qué es el qi o chi?

Encontrará el término *qi* o *chi* a lo largo de todo el feng shui. En Japón es llamado *Ki*.

Qi es mejor traducido como energía de vida, vitalidad, respiración cósmica o la invisible fuerza vital. Este concepto aparece en todas las ramas de la filosofía y el arte chinos, poesía, acupuntura, artes marciales, medicina herbal y los famosos ejercicios físicos Qi-gong. Qi se divide en cinco elementos.

¿Qué son los cinco elementos?

La energía vital qi puede ser clasificada en cinco patrones, comportamientos, cualidades o tipos, llamados metal, agua, madera, fuego y tierra. Estas cualidades conforman toda la materia, pero los nombres son simbólicos, no representan las sustancias comunes que todos conocemos. Los cinco elementos siempre se controlan o alimentan entre sí en un orden fijo.

El feng shui se originó en el hemisferio norte, pero yo vivo en el hemisferio sur. ¿Necesito pautas diferentes?

Con muchas escuelas de feng shui las necesitaría, y ciertos principios se invertirían. Sin embargo, como mencioné antes, este libro presenta el feng shui de la puerta del dragón, que se aplica internacionalmente. No depende en lo absoluto de las direcciones de la brújula.

¿El año de nacimiento de alguien cambia su feng shui?

Saber la fecha de nacimiento de una persona a menudo le permite a un experto optimizar su feng shui hasta el máximo grado. Pero primero es lo primero. Ahora es más importante que este libro le dé un sólido entendimiento de los principios básicos y vitales del feng shui.

¿Está el feng shui relacionado con la "magia de la tierra" o geomancia?

A menudo los dos términos son usados intercambiablemente, pero considero que el feng shui abarca un campo mucho más amplio que la geomancia. Algunos expertos limitan el término geomancia a la adivinación por medio de una figura hecha cuando aleatoriamente se tira un puñado de tierra.

Capítulo Dos

Las nueve curas celestes

una guía fácil

¿Qué son las nueve curas celestes?

*S*on nueve formas de ajustar la energía vital qi para su beneficio, mientras se mueve a través de su casa, jardín, lugar de trabajo o incluso su cuerpo. El feng shui explica que los problemas surgen cuando el qi se mueve muy rápido, merma demasiado su velocidad o se bloquea por completo. Afortunadamente, las curas celestes le permiten alterar el flujo y transformar su espacio vital y de trabajo.

¿Cómo puede esta "llave qi" abrir los beneficios para que yo los disfrute?

Una vez que entienda cómo las nueve curas celestes afectan el movimiento de la energía, podrá crear una vida de hogar más armoniosa y estimular su prosperidad, salud y alegría personal. Se divertirá experimentando con el feng shui aplicado por usted en su casa.

Al principio algunas ideas pueden parecer extrañas, pero pronto encontrará que puede aplicarlas usando su intuición y sentido común.

¿Cómo mejoran las nueve curas celestes el flujo de energía vital qi en mi casa, lugar de trabajo o jardín?

Cada una de las nueve clases de curas afecta el qi de forma diferente. Algunas curas, como las campanas de viento, se agitan y armonizan energía. Otras, como estatuas pesadas puestas a cada lado de una entrada demasiado grande, bloquean o disminuyen el movimiento de energía. Sin embargo, otra clase de curas, como los espejos, reflejan la energía en una dirección diferente.

Las luces aumentan la energía existente, mientras otras curas la transforman en niveles superiores. Los cristales protegen y purifican la energía existente mientras absorben sha qi o energía mala. Algunas de las más fuertes curas celestes cumplen más de una función.

¿Cuál es la primera cura celeste?

Los *espejos* encabezan esta categoría de curas, que abarca todo tipo de reflectores y luces. Lámparas, arañas de

luces, cintas glaseadas y la mayoría de superficies reflec-
tivas son incluidas. Los centelleantes cristales de cuarzo
claro (a menudo llamados luz solidificada), también
juegan un gran papel.

¿Cómo puede un espejo proveer una salida para la energía bloqueada?

Si usted vive en un apartamento pequeño, casa rodante
o bote, con una puerta frontal pero sin puerta trasera,
cuelgue un espejo para crear una artificial (o salida de
la energía). Inmediatamente sentirá la atmósfera trans-
formada. Pruebe esto quitando el espejo; nuevamente
el área se sentirá "encerrada".

Los espejos son usados tanto, que suelen ser llamados la "aspirina" del botiquín del feng shui. Escoja
espejos de pared grandes, en lugar de azulejos reflectivos, porque éstos fragmentan las imágenes. Una imagen "completa" siempre es más armoniosa.

¿Cómo aumenta la energía armoniosa la adición de una luz en una habitación o casa?

Veamos un ejemplo. Todo el mundo sabe que una
entrada oscura a una casa tiende
a hacer que los visitantes se
sientan tristes. El lugar
no parece acogedor. El
feng shui va más allá y
dice que adicionar otra
luz realmente aumenta el
qi armonioso.

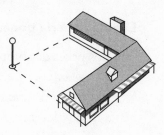

Por esta razón, una común cura celeste para una casa en forma de L es poner una lámpara de jardín para "encuadrar" o rebalancear la forma irregular o sección faltante.

¿Por qué la araña de luces es un poderoso remedio del feng shui?

Las arañas combinan cristales y luz. Además, su forma sigue elegantes curvas en lugar de líneas rectas. Esto las hace una muy fuerte cura del feng shui. Por eso no es sorprendente que actualmente un creciente número de curadores naturales tengan arañas de luces en la recepción y los cuartos de tratamiento.

¿Cuál es la segunda cura celeste?

Los *peces de colores* son la segunda cura celeste. Mundialmente, expertos en feng shui usan esta poderosa cura para aumentar la energía armoniosa en una habitación o lugar de trabajo. Por esta razón, usted a menudo verá un acuario con peces de colores en los restaurantes chinos. Los dentistas que ponen estos peces en las antesalas a fin de calmar pacientes nerviosos, están intuitivamente creando feng shui bueno.

¿Dónde debería poner peces de colores en mi casa?

Los peces de colores pueden ser puestos casi en todas partes para aumentar la paz, armonía y riqueza. Use su intuición para decidir dónde ubicarlos. Sin embargo, son particularmente útiles para neutralizar energía mala dirigida a su casa por el alero puntiagudo del tejado de un vecino.

Una mujer recientemente trasladada de Melbourne a Sydney para un nuevo empleo importante, me escribió para decirme que odiaba llegar por las tardes a su apartamento vacío y sin vida. Ella se sentía deprimida y estaba pensando resignarse. Pero después que compró un tazón que contenía dos peces de colores (ella los llamó Feng y Shui), su apartamento adquirió una nueva y agradable sensación de vida. Cuando alimentaba los peces mientras veía sus tranquilizantes movimientos, se sentía más feliz y en casa.

Recientemente, me escribió para decir que había entablado amistad con un encantador habitante del mismo edificio. Se conocieron en el ascensor cuando él ofreció cargar el gran saco de alimento para peces que ella llevaba con esfuerzo.

¿Qué formas de acuarios son las más favorables?

Cualquier acuario trae buena suerte, y es mejor que no tener ninguno. Uno redondo, curvo u octagonal atrae mejor feng shui que uno cuadrado o rectangular.

Encontrará muchas tiendas de mascotas con acuarios octagonales ahora que el feng shui es tan popular. Asegúrese de que haya suficiente espacio para los peces. Tres o seis de ellos es un número apropiado para un apartamento pequeño. Viviendas más grandes pueden tener una mayor cantidad.

¿Qué significa la muerte de un pez de colores?

Cuando un pez de colores muere sin una razón lógica como descuido, falta de comida o mala calidad del agua, el pez muerto ha absorbido mala suerte que viene en su camino. En Oriente, algunos incluyen un pez negro por esta razón. Examine lo más pronto posible la tienda de mascotas, las condiciones ambientales del acuario, luego reemplace el pez muerto.

¿Cuál es la tercera cura celeste?

¿Creería que su flaco y viejo perro o gato de la familia, son realmente una cura celeste? Así es. *Mascotas* de cualquier tipo, peludas o plumadas, aumentan la energía armoniosa en una casa o lugar de trabajo.

¿Esto significa que una casa con una mascota es más afortunada y armoniosa que una que no tiene?

¡Sí! Si su casa no parece traer suerte, consiga una mascota. La psicología moderna afirme que los animales domésticos mejoran y calman la atmósfera en casas, hospitales, clínicas de reposo y prisiones. Según investigadores de la New York State University, tener una mascota puede bajar la presión sanguínea. Muchos vendedores reportan que las casas con animales domésticos tienen una atmósfera más alegre.

¿Cuál es la cuarta cura celeste?

Los *sonidos armoniosos* conforman la cuarta cura celeste. Éstos incluyen campanillas tintineantes, campanas de viento, tubos sonoros, canto de aves, agua corriente, viento susurrando a través de bambú o árboles, el sonido de suaves gotas de lluvia cayendo sobre el tejado, insectos zumbando y música melodiosa.

¿Una clase de campanas de viento o tubos sonoros trae mejor suerte que otros?

Algunos expertos en feng shui prefieren tubos sonoros huecos, ya que estimulan la energía vital qi para que fluya hacia arriba. Sin embargo, el moderno feng shui intuitivo sugiere seleccionar tubos sonoros que usted encuentre atractivos. Esto significa que deben armonizar con su campo energético personal.

¿Por qué las campanas de viento son una cura universal tan poderosa?

Tan simples como se ven, las campanas de viento y los tubos sonoros combinan varias curas poderosas —sonidos armoniosos, movimiento suave y viento o "feng", que es básico para el feng shui—. El viento también es una forma fundamental de energía vital qi, a veces llamada respiración o espíritu cósmico.

Así, cuando cuelgue campanas o tubos sonoros en su casa, está introduciendo armonía, espíritu y movimiento. Estas son tres poderosas fuerzas cósmicas, con el poder de transformar condiciones desagradables.

Si el canto de aves aumenta el feng shui bueno, ¿cómo atraigo más de ellas a mi jardín?

Ponga un baño para pájaros, un alimentador de aves, o un plato con agua limpia en algún lugar alto, lejos de gatos merodeadores. Después de un tiempo, las aves llegarán en tropel, y algunas se volverán muy mansas.

A muchas personas en Australia les gusta alimentar palomas con la mano o gorjear urracas en el jardín. Es divertido observar urracas, las cuales se vuelven tan mansas que golpean la ventana de la persona por las sobras de comida. Después usted puede deleitarse observando cómo estas aves traen nuevos miembros jóvenes de su familia para unirse al ritual.

Las abejas zumban en mi jardín. ¿Es esta una señal de buena suerte?

El zumbido de insectos, incluyendo las abejas, es un sonido con un feng shui particularmente bueno. Pero el sonido de las personas que se quejan por las picaduras es feng shui malo. ¡Tenga cuidado!

¿Cuál es la quinta cura celeste?

El *color* es la quinta cura celeste, y provee una forma rápida de transformar una habitación con mala energía. Cuidado con tener los exteriores e interiores totalmente de blanco. Ellos drenan la energía y significan luto, a menos que adicione tonos de colores vivos como el rojo o cereza. El color crema estimula un feng shui mucho mejor que el blanco.

Necesito un consejo rápido y fácil para escoger el color con buen feng shui para una habitación o casa.

Para los interiores, los colores pasteles irradian el mejor feng shui y lo rodean con energía armoniosa. Si vive en un clima frío, son apropiados el melocotón claro, terracotta, limón, amarillo o rosado. En un clima cálido, puede usar colores pasteles más fríos, como el azul, turquesa, lavanda o verde claro. Siga su intuición —está muy cerca al feng shui—.

Si está indeciso, use un péndulo para elegir entre dos colores. El capítulo 14 le dice cómo hacer y utilizar un péndulo.

¿Cuál es la sexta cura celeste?

Las *plantas y flores* conforman la sexta cura celeste, trayendo energía revitalizante a una habitación. Una planta colocada debajo de la escalera ayuda a que qi saludable ascienda al piso superior.

Si la energía alrededor de su escritorio se siente viciada y sin vida (especialmente si la oficina está llena de computadores y luces fluorescentes), adicione una planta verde; se sentirá mejor. Si saca la planta para regarla, el área se sentirá muerta de nuevo.

¿Hay plantas menos propicias o favorables que otras?

Sí. Cuando coloque una planta de prosperidad en su casa o lugar de trabajo (el capítulo siguiente le dice cómo), las de hojas redondeadas como la maranta o jade es una buena elección. Una planta de hojas puntiagudas como la azalea tiende a repeler la suerte.

En una oficina, una *Chlorophytum comosum* (planta de cinta o pasajera) absorbe "esmog electrónico" cerca a computadores y maquinaria de trabajo. Esta maravillosa planta se reproduce casi tan rápido como las copias de una fotocopiadora. Recientes investigaciones hechas por la NASA, confirman que ciertas plantas remueven toxinas y contaminantes de los interiores. Es fascinante ver cómo a menudo la ciencia moderna comprueba los antiguos principios del feng shui.

¿Por qué debo evitar plantas o flores secas en mi casa?

Las flores y plantas secas traen el aura de muerte a la casa. Tradicionalmente, no son consideradas feng shui bueno. Si le gustan las flores secas, su buen sentimiento hacia las flores disminuye un poco el mal efecto.

Sin embargo, mantenga las flores secas lejos de la puerta principal de la casa y las entradas a habitaciones. Si es posible, póngalas en un cuarto de pasatiempos en la parte trasera de su casa, y cuelgue cerca un centelleante cristal de cuarzo claro como balance. Una cura es mantener flores secas en un florero de cristal, ya que este material es feng shui bueno y ayuda a neutralizar la energía negativa.

¿Por qué las flores y plantas de seda atraen buen feng shui?

Las eternas flores y plantas de seda son buen feng shui bueno porque este material es una fibra natural venerada y además se relacionan con la idea de vida eterna.

Las flores de plástico son mal feng shui porque no son fabricadas con un tejido natural. Estoy seguro de que su intuición confirma lo anterior.

¿Cuál es la séptima cura celeste?

Los *objetos móviles* conforman el séptimo grupo de curas celestes. Entre ellos se incluyen fuentes, veletas, molinos de viento, molinetes, relojes de caja, banderas y luces móviles. Las fuentes, tubos sonoros, campanas de viento y luces móviles califican como categorías de curas celestes, y por lo tanto deben ser remedios poderosos.

Las curas que se mueven en una armoniosa dirección circular atraen un mejor feng shui. Por esta razón, encontrará puertas giratorias y ventiladores de techo incluidos en las curas celestes.

¿Por qué un reloj de caja es muy buen feng shui?

Muchas personas intuitivamente sienten que los relojes de caja adicionan estabilidad, carácter y calor a un hogar —como lo solían hacer los abuelitos—. Si se siente inseguro por hacer demasiadas mudanzas, adicione uno a su casa y vea lo mejor que se sentirá. También son un objeto predilecto para coleccionar como una apreciada reliquia familiar.

Expertos en feng shui estipulan que el suave movimiento de un péndulo aumenta la energía vital qi en la casa.

Ubique su reloj de caja de tal forma que no quede visible desde la puerta principal. Es mejor colocarlo en el "lado del dragón", o lado izquierdo de su casa mirando desde la puerta principal hacia fuera. Pero, si tiene un fuerte deseo de ubicarlo en otra parte, siga su intuición.

¿Cómo puedo atraer más clientes a mi tienda usando la séptima cura celeste?

Si la entrada a su tienda se siente sin vida, los clientes no se sentirán inclinados a entrar. Atraerá más comercio si agita la energía qi alrededor de su puerta con una cura celeste que represente movimiento.

Use su sentido común. Una florería puede beneficiarse de la exposición de campanas de viento o molinetes pintados como flores cerca a la puerta. Pero, una heladería podría atraer más clientes con luces móviles. En una casa de modas podría aumentar el interés de los clientes en una exhibición de invierno con un ventilador que sople nieve falsa alrededor de los maniquíes. En la ventana de una organización financiera, un ventilador que haga girar moneda de imitación, activará energía vital qi y atraerá clientes.

¿Cuál es la octava cura celeste?

Los *objetos pesados* conforman la octava cura celeste. Incluyen objetos como grandes tabiques de madera, estatuas, piedras o esculturas. Éstos bloquean o desvían energía indeseada o demasiado rápida.

Las estatuas también pueden ser usadas para rebalancear áreas irregulares como una casa en forma de L, así como se utiliza una lámpara de jardín.

¿Cómo podría usar estatuas para estabilizar energía vital qi que fluye muy rápido en mi casa a través de la puerta principal doble?

Si la puerta principal es muy grande para el tamaño de su casa o lugar de trabajo, sus ocupantes recibirán demasiada energía qi, reñirán y se pondrán nerviosos.

Dos estatuas grandes colocadas a cada lado de la puerta (tal vez leones, perros o cualquier objeto que le atraiga) cortarán parte de la energía en exceso que fluye rápidamente por la entrada. Los residentes se calmarán y estarán menos propensos a desventuras.

¿Cuál es la novena cura celeste?

Los *instrumentos musicales* conforman la novena cura
celeste, y de ellos las flautas sobresalen como los más
importantes. Las flautas de bambú están entre los
más antiguos instrumentos musicales conocidos por
la humanidad, pero las hechas de huesos de aves o
juncos también se remontan a tiempos ancestrales.
Puestas en cualquier parte de la casa, brindan protección espiritual. Puede seleccionar flautas hechas
de cristal, vidrio, madera, plata, metales preciosos y
otros materiales.

Por raro que parezca, los abanicos también aparecen
en esta novena categoría. Algunos documentos antiguos dicen que la mera presencia de estos objetos
románticos invita a la música no oída. Otros manuscritos se refieren a los abanicos como instrumentos de
viento, debido al suave "ssshhh" que se siente cuando
son abiertos o agitados con la mano. Su forma semicircular también atrae buena fortuna.

¿Por qué un abanico estimula el romanticismo cuando es colocado en la posición correcta en una habitación?

Muchas culturas —desde la china hasta la japonesa,
española y portuguesa— instintivamente relacionan
el abanico con romance, flirteo y mujeres elegantes.

Por esta razón, el abanico —que tiene buen feng shui
intrínseco— estimula el romanticismo al ser colocado
en la posición correcta, el punto del matrimonio en el
ba-gua en su sala. (El capítulo siguiente explicará detalladamente estas posiciones).

**Tengo una lámpara de pared en forma de abanico.
¿Puedo combinar curas celestes para lograr más poder?**

Sí. Una lámpara de pared adiciona con su luz energía
armoniosa a un lugar. La forma de abanico da suerte
y feng shui bueno extra.

¿Por qué la flauta es el instrumento más poderoso?

Las flautas poseen más poder que los demás instrumentos musicales debido a su significado espiritual y
forma hueca que canaliza la energía qi hacia arriba.

**¿Cómo deben ser colocadas las flautas para atraer
buena suerte extra?**

Dos flautas son más poderosas que una. Para protección y feng shui bueno, colóquelas en cualquier
parte que sienta sha qi o energía mala, por ejemplo
en vigas expuestas. De otra manera, cerca a la entrada
principal es una buena posición.

Siempre coloque las flautas con las boquillas apuntando hacia abajo, preferiblemente inclinadas como
una V invertida. Átelas con cinta o borlas rojas para
aumentar la buena fortuna.

He oído hablar de una décima cura terrenal. ¿Es cierto?

Sí. Los maestros del feng shui moderno continuamente
adaptan antiguos principios para ajustarlos a problemas actuales. Por esta razón, muchos expertos usan la
energía electrónica de aparatos, desde televisores y
radios hasta computadores. No hay duda de que también proveen energía.

Me sorprende que la radio, la televisión o los computadores pueden ser una cura del feng shui. ¿Cómo puedo probarlo?

¿Tiene una habitación que nadie use? Sin duda se siente muerta. Ahora meta un radio, computador o televisor y déjelo ahí un rato cada día. Descubrirá que la atmósfera en la habitación cambia completamente. Se sentirá más viva gracias a la energía de la décima cura terrenal.

El conocimiento es poder. Saber acerca de la décima cura puede en ocasiones ser inesperadamente útil.

Por favor resuma las nueve curas celestes en una tabla sencilla.

Primera: *Reflectores y luces* —espejos, arañas de luces, cintas glaseadas, cristales

Segunda: *Peces de colores*

Tercera: *Animales domésticos*

Cuarta: *Sonidos armoniosos* —campanillas, tubos sonoros, campanas de viento, canto de aves, zumbido de insectos, viento susurrante en bambú, gotas de lluvia y agua corriente

Quinta: *Colores*

Sexta: *Plantas y flores* —naturales y de seda

Séptima: *Objetos móviles* —fuentes, veletas, molinos de viento, puertas giratorias, ventiladores, relojes de caja, molinetes, luces móviles, banderas

Octava: *Objetos pesados* —estatuas, piedras

Novena: *Instrumentos musicales* —flauta, abanicos

Viento susurrando a través del bambú
por Adele Summers

**Sonidos armoniosos—
una de las nueve curas celestes**

Capítulo Tres

Antiguos secretos del ba-gua

*activar los sectores para el amor,
la prosperidad y más*

¿Qué es el ba-gua? ¿Dónde se originó?

El ba-gua es una antigua técnica que usted puede usar para transformar y enriquecer su vida. La palabra significa literalmente "ocho lados" y se pronuncia "baa-gwah".

En la práctica, el ba-gua es un símbolo de ocho tesoros de la vida: fama, prosperidad, niños, matrimonio y relaciones personales, amistades, sabiduría, profesión, familia y salud.

¿Cómo se relaciona el ba-gua con el famoso I Ching, o "libro chino de cambios"?

El ba-gua es una interpretación visual o símbolo octagonal del antiguo libro del I Ching, con su filosofía de interconexión y sus ocho trigramas (vea la ilustración).

Muchos lectores habrán consultado el I Ching, el más antiguo libro guía del mundo, haciendo una pregunta y luego lanzando monedas. El patrón de monedas resultante guía al interesado a una respuesta en el libro, que por lo general asombra con su sabiduría. No es extraño que el I Ching sea llamado la "madre del pensamiento chino".

¿Cómo puedo usar el ba-gua para mejorar mi vida?

Los consultores de feng shui a menudo sobreponen este símbolo octagonal en habitaciones, casas o lotes para obtener una lectura sobre la actual vida y suerte

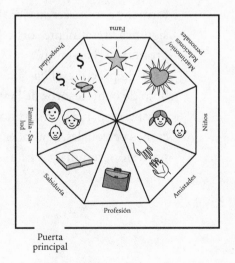

de la persona, además de su destino. Ellos "equilibran" o "fortalecen" áreas problemáticas con curas celestes u objetos de buena suerte colocados en la posición correcta.

Después de esto, verá un mejoramiento en su vida dentro de un ciclo lunar —aproximadamente un mes—.

Soy nuevo en las ideas orientales, y el ba-gua me parece muy extraño. ¿Cómo funciona?

El ba-gua funciona porque toda la creación es una masa giratoria de energía vital qi, y nuestros mundos interior y exterior están conectados —una idea cada vez más aceptada por la psicología moderna—. Lo que usted piensa, y el estado general de su ser, se refleja en el mundo físico más cercano —su casa—. Nada está separado o desconectado. La famosa diseñadora francesa Coco Chanel dijo, "un interior es la proyección natural del alma".

Si usted hace un cambio positivo de energía en su entorno físico inmediato, afectará favorablemente otras áreas de su vida.

¿Cómo escojo objetos de buena suerte para activar cada uno de los ocho tesoros o áreas del ba-gua?

En algunas áreas del ba-gua, por ejemplo la Prosperidad, los objetos de buena suerte son colocados en forma específica. Pero en la mayoría de áreas, usted puede escoger cualquier objeto pequeño con los colores cósmicamente correctos que considere apropiados. Esto significa que el objeto estará en armonía con su campo energético individual, su casa y sus necesidades.

Imagínese que desea más amistades serviciales para que lo ayuden en situaciones especiales. Podría ser conveniente comprar dos tazas de café especiales con los colores cósmicamente correctos, negro y blanco, y luego mantenerlas en el lugar apropiado sobre un ba-gua.

Otra persona podría ver una escultura blanca y pequeñita de dos amigos estrechándose las manos, y sentir que esto simboliza personas serviciales. La figura podría ser colocada sobre un plato negro o una cinta negra glaseada colocada a lo largo. Use su intuición e imaginación.

¿Qué colores especiales activan cada área del ba-gua?

La siguiente es una tabla práctica:

Área del ba-gua:	*Colores cósmicos activadores*
Prosperidad:	Rojo y verde
Fama:	Amarillo, rojo y verde
Matrimonio/Relaciones:	Rojo y blanco
Niños:	Negro, blanco y amarillo o limonado
Amistades serviciales:	Negro y blanco
Carrera:	Negro, verde y blanco
Sabiduría:	Verde y negro
Familia/Salud:	Negro, rojo y verde

Cuéntenos algunas historias exitosas de sus lectores del ba-gua . . . comenzando con la prosperidad.

Después de utilizar un ba-gua, muchas personas me han escrito cartas de agradecimiento para hablar de repentinos ascensos, regalos, herencias inesperadas, aumento de sueldos, ganancias financieras, en rifas y loterías, sin mencionar bebés, matrimonios, romances y otros eventos felices. Naturalmente, debido a la privacidad, sólo se pueden dar indicaciones muy generales de sus situaciones.

Una entretenida carta que se me quedó grabada en la mente, involucra una mujer que de repente parecía tan afortunada, que todos sus amigos le pidieron cortes de su planta de prosperidad. Un señor que fortaleció la sabiduría y prosperidad, ganó un auto, dinero y otros premios en un famoso concurso de televisión. Y muchas personas han sido favorecidas con vacaciones en el extranjero y otros deleites en concursos. "Competí muchas veces, pero no gané nada hasta utilizar un ba-gua", escribió una adolescente de Nueva Zelanda. Envió una foto de ella y su familia en una moderna lancha a motor que había ganado.

¿ . . . O protección?

Una mujer australiana dueña de una empresa, escribió sobre la forma cómo colocó una flauta sobre sus papeles legales que guardaba en el área de la sabiduría. Estaba preocupada de que un serio proceso jurídico pudiera dejarla en la quiebra. Para su gran sorpresa, inesperadamente recibió una notificación de que la acción legal había sido retirada y el proceso estaba anulado.

¿ . . . O personas serviciales?

Otra carta peculiar tiene que ver con un artista que tenía un taller al lado de un edificio de apartamentos cuyos arrendatarios eran ruidosos, lo cual le dificultaba pintar. Cuando los inquilinos se mudaban, los que llegaban eran tan ruidosos, o peor que los anteriores. Finalmente, su esposa armó un ba-gua con cintas negras y blancas para activar el área de personas serviciales.

Dos semanas después, un gran cartel de "se vende" fue colocado afuera de los apartamentos. "Estaba impreso en blanco y negro, en lugar de letras a color. Me pregunté si había una relación", meditó la esposa.

El bloque de apartamentos fue subastado y luego revendido. Esta vez los vecinos eran diferentes —tranquilos y orgullosos de ser propietarios de una vivienda—. El artista saltó de alegría, aunque tendió a sospechar que se trataba de una coincidencia. (El feng shui dice que las coincidencias no existen).

¿ . . . O Romance?

Otra joven mujer, a quien llamaré Christine, escribió que había colocado un abanico en el área del matrimonio del ba-gua y esperó con optimismo tener buena suerte. Nadie llegó. En lugar de eso, tres semanas después, el nuevo perrito de su compañera de cuarto se trepó al sofá, y luego masticó y se tragó la borla roja que colgaba del abanico. Con pánico, las dos chicas llevaron el cachorro a un veterinario de emergencia. El atractivo veterinario resultó entablando amistad con Christine. Ahora están comprometidos. No me sorprende que ella planee llevar un pequeño abanico de encaje junto con el ramo de flores el día de su boda.

Los chinos —que conforman la civilización más antigua, sabia y continua del mundo— han practicado el feng shui durante miles de años. ¿Por qué seguirían aplicándolo si no funcionara?

¿El símbolo del ba-gua funciona mejor en ciertas habitaciones?

Para una lectura sobre la vida en general, aplique el ba-gua en la sala o, como segunda opción, en su alcoba. Una lectura en su lugar de trabajo también suele dar fascinantes discernimientos. Para casas sobre lotes, una lectura total a menudo resulta reveladora.

Tengo un salón de tertulia y una habitación familiar en lugar de una sola sala. ¿Cuál es mejor para aplicar un ba-gua?

Escoja la habitación que se sienta más como el "corazón" de su casa. No elija la cocina, incluso si pasa allí la mayor parte de su tiempo. Esto se debe a que el feng shui ve su casa como un cuerpo viviente, y cada parte corresponde a una sección de este cuerpo. (La cocina es vista como el estómago de la vivienda).

Si una habitación tiene varias puertas, ¿cuál sería la entrada principal?

Determine cuál puerta es más usada o la más grande. Una puerta adicionada posteriormente se considera como secundaria. Use su intuición —es su casa, y debe ser fácil analizarla—. Si lo prefiere, pida la opinión a todos los miembros de su hogar.

¿Cuáles son los pasos para aplicar un ba-gua en una habitación? ¿Es importante su ubicación?

Olvide la ubicación —con el feng shui internacional de la puerta del dragón, como se enseña en este libro, todas las posiciones parten de la puerta principal de una habitación—. No se preocupe por las direcciones de la brújula.

Primero, deje ocho granos de arroz en un pequeño recipiente durante la noche sobre el piso junto a la puerta principal de la habitación. Esto le informa al universo que está configurando un ba-gua. (Algunos expertos omiten este paso, pero considero que tendrá mejores resultados si lo incluye).

Determine dónde están las ocho situaciones de vida del ba-gua (ver ilustración). Siempre comience imaginando la sección inferior del símbolo octagonal —la sabiduría, profesión o personas serviciales— sobre la pared con la puerta principal de la habitación.

Si la puerta está en el centro de la pared, esa es la posición de la profesión de su ba-gua. Si la puerta está a la izquierda, quedará ubicada en la sección de sabiduría, y si está a la derecha, se encontrará en la posición de personas serviciales.

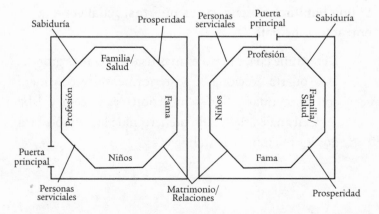

Recuerde, una vez que alinee la sección inferior, las otras situaciones de vida del ba-gua siempre siguen en el mismo orden.

He configurado el ba-gua en mi casa. ¿Qué sigue?

Una vez realizada la configuración, ahora podrá "equilibrar el ba-gua" para mejorar la suerte en la vida.

Por ejemplo, si anhela casarse o mejorar su relación, la lista presentada anteriormente muestra que los colores del área del matrimonio son rojos y blancos. Podría entonces colocar flores rojas en un florero blanco en dicha área, para fortalecer esta parte de su vida. También podría sentirse más feliz colocando una foto de usted y su ser amado en un marco rojo y blanco en esta posición del ba-gua.

Necesito dinero rápido. ¿Cómo encuentro el área de prosperidad?

La sección de prosperidad del ba-gua en una habitación siempre es la esquina izquierda superior diagonal opuesta a la puerta principal. Observe las siguientes ilustraciones y lo entenderá con facilidad.

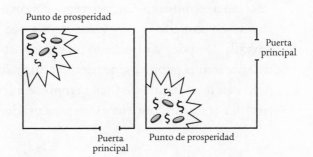

Muchas personas llaman a esta sección el punto de prosperidad de oro, pero es más un área que un punto.

¿Qué colores y objetos de buena suerte activan el área de prosperidad?

Como lo muestra la lista presentada, el rojo y el verde son los colores especiales para el área de prosperidad del ba-gua. Es tradicional colocar una planta verde con hojas redondeadas, como una maranta. Evite las plantas de hojas puntiagudas como las azaleas.

Envuelva unas cuantas monedas en papel rojo y colóquelas debajo de la planta. Ahora, mientras la planta crece, también lo hará su dinero. Cuide la planta y reemplácela si se marchita. ¿Su área de prosperidad recibe poca luz? Cultive en rotación dos plantas —una afuera y otra adentro—. También funciona una planta artificial de buena calidad, por ejemplo de seda. Evite las plásticas de apariencia desagradable.

Soy actor. ¿Puedo usar el ba-gua para atraer fama o al menos ser más conocido?

Recibo numerosas cartas de actores que quieren usar el ba-gua como ayuda para alcanzar la fama.

Colocar una lámpara roja, amarilla y verde en el sitio de la fama, es muy útil. Una actriz que conozco, prefirió su foto en un marco rojo y verde cerca a una lámpara amarilla. Después le ofrecieron un jugoso salario para trabajar en una popular serie televisiva australiana.

Si usted tiene una pequeña empresa, tal vez prefiera ser conocido por sus excelentes productos. Un comerciante que vende videos por correo, mantiene uno de ellos envuelto en los tres colores correctos, en el área de la fama del ba-gua en su oficina. "¡El negocio está en auge!", dice él.

¿Cómo uso el ba-gua para activar el romance, el matrimonio o las buenas relaciones?

Para estimular un nuevo romance, podría colocar un abanico rojo con una cinta blanca en el área del matrimonio/relaciones.

Una mujer casada que quería armonizar su inestable matrimonio, decidió mover su piano del cuarto de huéspedes (un lugar peligroso, como descubrirá posteriormente) al área del matrimonio/relaciones del salón de tertulia. También colocó un florero blanco con flores rojas sobre el instrumento. Dijo que cuando su relación estaba en problemas críticos, una gran cura del feng shui, como un piano, parecía buena idea.

Poco después de mover el piano, la relación con su esposo empezó a mejorar. "Solíamos ver televisión noche tras noche, y nunca hablábamos. Ahora, a menudo me pide que toque el piano, e incluso tararea las melodías. Hace poco movimos el televisor al cuarto de huéspedes y lo convertimos en un salón más sociable. Estamos planeando una segunda luna de miel en Bali".

Me gustaría conocer más personas serviciales. ¿Cómo puedo activar esta área del ba-gua?

Primero, deje ocho granos de arroz en la puerta de su salón de tertulia durante la noche.

Revise la tabla de colores, y encontrará que el negro y el blanco son especiales para esta área. Coloque cualquier objeto blanco y negro que considere apropiado, en la esquina derecha de la pared que tiene la puerta principal de la habitación.

Una joven se quejaba por ser nueva en la ciudad y necesitaba conocer personas para tener contactos. Movió su teléfono blanco al área de personas serviciales y al lado de él puso una nueva libreta negra de números telefónicos, con un lapicero rayado de blanco y negro. ¡Pronto su teléfono sonaba tan a menudo, que lo colocó en otra parte para conseguir algo de paz!

La profesión de mi hijo parece estar en problemas. ¿Cómo uso el ba-gua para atraer armonía y ascenso?

Coloque una foto de su hijo en un marco negro y verde, en el área de sabiduría del ba-gua. También puede escoger otro objeto pequeño activador relacionado con el trabajo de su hijo.

¡*Ayúdeme*! Nuestra familia pelea tan a menudo, que ya casi necesitamos un árbitro. ¿Cómo uso el ba-gua para crear una situación familiar más armoniosa?

Coloque ocho granos de arroz en la puerta del salón de tertulias durante la noche. Si la relación es tan mala, debería colocar una cura celeste muy poderosa en la posición de la familia/salud.

Ate una flauta con cintas de color rojo, verde y negro. Luego póngala a medio camino a lo largo de la pared que está a la izquierda de la pared que tiene la puerta principal. Esta es la posición de la familia/salud.

Mi salud me preocupa. ¿Cómo uso el ba-gua para activar fuerzas cósmicas favorables?

Si se siente estresado o preocupado por su salud, mantenga un tazón con peces de colores redondo u octagonal, en la posición de la familia/salud del ba-gua. Podría escoger seis peces rojos y uno negro. Luego puede colocar un pequeño cofre verde en el interior del acuario para completar los colores de la familia/salud, esto es, rojo, verde y negro. Pase un rato cada día sentado cerca a esta posición, observando los tranquilizantes movimientos de sus peces de buena suerte.

Mi sala en forma de L carece del sector del matrimonio. No me extraña que esté soltera! ¿Hay alguna cura?

Ahora puede ver por qué los chinos evitan las habitaciones irregulares, especialmente las que tienen forma de L. Estas hacen que falte una sección del ba-gua, ocasionando problemas en esta situación de vida.

Esta ilustración muestra remedios aplicados a la mayoría de habitaciones en forma de L.

Un espejo sobre un borde de la sección faltante extenderá la energía de la habitación hacia dicha área. Aquí hay cierta lógica, y este principio general es a menudo usado en el feng shui.

Si es posible, escoja un espejo redondo, ovalado u

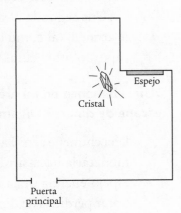

Cristal

Espejo

Puerta principal

octagonal. Uno cuadrado o rectangular es mejor que no tener ninguno. Otra cura es colgar un cristal, según la ilustración, para corregir el flujo de energía.

Ahora observe cómo se siente la habitación. Podría fortalecer aún más el área del matrimonio de su bagua, colocando cerca otra cura celeste, tal como una planta o un abanico, con los colores de matrimonio del I Ching, o sea rojo y blanco. Su planta podría tener flores rojas en una maceta decorativa blanca.

¡Qué horror! Mi sala en forma de L no tiene área de prosperidad. ¿Es esta la causa de mis problemas económicos?

Muy probablemente; pero relájese, pues el feng shui ofrece varios remedios. Podría seguir la regla básica de colgar un espejo para extender la energía de la habitación a la "sección faltante".

Luego ponga su planta de prosperidad verde cerca al espejo, con las tres monedas debajo de ella envueltas en papel rojo. Entre más crezca su planta, mayor será su beneficio económico.

¿Una segunda idea? Adicione otra cura celeste que le atraiga, tal como una lámpara roja o verde. Vea el capítulo sobre curas y decida por sí mismo.

¿Una chimenea en mi área de prosperidad causa un escape de dinero? Dígame la cura.

Una chimenea en el área de prosperidad envía energía monetaria hacia arriba por el conducto. Coloque un espejo encima de la repisa, o cerca a esta área, para evitar pérdidas de dinero. Una resistente planta verde es una segunda opción. (Dondequiera que sea ubicada, una chimenea causará un escape de energía en esa particular situación de vida).

¿Una segunda puerta en cierto punto del ba-gua, por ejemplo en el matrimonio, causa una pérdida en esa área de vida?

Sí, una segunda puerta en cualquier punto de su habitación, causará un escape de energía en esa particular situación de vida.

Siempre fortalezca con una cura celeste el área cerca a una segunda puerta, ya sea con luz extra, peces de colores, cristales, campanas de viento, plantas verdes o flores de seda. Trate de percibir lo que la habitación preferiría. Usted puede sintonizarse con el feng shui de su casa mejor que nadie. En esta época, cuando la información está disponible para todos, confíe en sus propios instintos en lugar de depender siempre de los expertos.

¿Qué otras características debo tener en cuenta en los diversos puntos del ba-gua?

Una vez recibí una carta de un melancólico soltero de Queensland, Australia. Él vivía en un apartamento de una habitación. Conocer mujeres no era un problema, pero sus relaciones misteriosamente fracasaban después de unas pocas citas. Atribuía esto a su personalidad. "Creo que soy muy despreocupado y franco. A las mujeres no les gusta esto", decía. Pensé que su actitud honesta y tranquila era agradable, y sospeché en un mal feng shui.

El dibujo que me envió revelaba el problema —un pequeño refrigerador en su punto del matrimonio en el ba-gua—. Tan sorprendente como suena, la nevera congelaba sus oportunidades.

Inmediatamente movió el refrigerador. Un año después me envió una foto de su boda. Él y su nueva esposa se casaron en la playa usando pantalones cortos; evidentemente a ella también le gustaba la informalidad. ¿La moraleja? Tenga cuidado de dónde coloque su congelador en un apartamento de una habitación.

Me he dado cuenta que el ba-gua es escrito de muchas formas en diferentes libros, desde *pa-kua* hasta *pah-kwa*. ¿A qué se debe esto?

Cuando los caracteres chinos son transcritos a diferentes idiomas, se utilizan diversos sistemas. Algunos deletrean ciertos sonidos de manera ligeramente distinta.

Capítulo Cuatro

Localizaciones armoniosas de la casa y el lugar de trabajo

formas del terreno
sitios "imanes de dinero"
vecinos y presagios

¿Es importante la forma de mi terreno?

Sí, muy importante. En algunos países, las personas regalan, o no usan, pedazos o salientes de tierra de su propiedad, en lugar de estar maniatados por una forma desfavorable.

¿Cuáles son las formas más favorables para el terreno?

Las formas regulares, como cuadrados y rectángulos. Un terreno con más profundidad que anchura, promueve estabilidad familiar y es mejor feng shui para terrenos que se ensanchen en la parte trasera.

43

Cuando sea posible, escoja un lote con un área trasera más alta. Esto protege a los residentes.

¿Qué formas de solares debo evitar?

Si es posible, evite formas irregulares donde parece faltar una parte, como las formas en L. Tenga cuidado los lotes triangulares, en forma de cuña o T, que se angostan en la parte trasera, indicando una falta de apoyo. Pero si ya vive en este tipo de terreno, no se atemorice. El feng shui es práctico y siempre ofrece un remedio.

¿Debo considerar la forma total de una gran subdivisión de tierra?

Sí. Se aplican todas las reglas de "forma" del feng shui. Si es posible, compre su lote en una subdivisión que tenga una forma regular en conjunto.

Pero si no tiene elección, y la subdivisión tiene forma de L o cuchillo (también llamada forma de "hacha de combate"), es más favora-

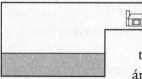

ble que compre su terreno en el área del "mango" controlador, en lugar de la más grande área de "la hoja", mostrada en la parte sombreada de la figura.

En un lote de forma variada, ¿dónde debería ubicarse la casa para tener feng shui bueno? ¿Cuáles son las curas para las posiciones desfavorables?

Una posición central que apunte a la calle en un ángulo recto, es por lo general la mejor, excepto por los terrenos en forma de L.

Los ocupantes de casas ubicadas en ángulos cruzados, a menudo riñen con sus vecinos. Se recomienda colocar entre las dos viviendas un seto, una fuente o un asta de bandera.

Las casas en lotes triangulares no deben tener la puerta principal mirando a un vértice del triángulo. Aísle este vértice con una hilera de flores, vegetación o coloque cerca a él una lámpara de jardín redonda.

Esta ilustración muestra el mejor sitio para casas en lotes en forma de L. Coloque un árbol grande o una lámpara de jardín detrás de la casa, y cultive flores o vegetación a lo largo de la forma de L.

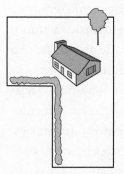

En el caso de un lote en forma de T, una entrada en la base de la T activa las profesiones, pero desmotiva el estudio —sus ocupantes encontrarán amigos renuentes a ayudar cuando aparezcan los problemas—.

Si la entrada está en la parte superior de la T, los residentes sufrirán en el matrimonio y tendrán problemas económicos. La cura es ubicar la casa, sembrar flores o vegetación como lo indica la gráfica

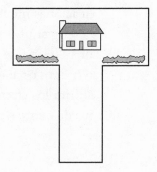

Si la casa no está ubicada centralmente en el lote, el capítulo

10 da remedios para diversos desequilibrios que perturban la armonía de los cuatro espíritus protectores del feng shui.

¿Cuáles son las pautas antiguas del feng shui para encontrar un lote auspicioso o de suerte para una casa?

Confíe siempre en la primera impresión que tiene de un lugar —la primera sensación—. Localice un lote que le guste mucho, en lugar de hacer comparaciones lógicas con una lista.

¿Tiene otras sugerencias cuando se buscan lotes?

Tenga cuidado de no comprar un lote junto a un terreno desocupado —no sabe qué clase de vecino tendrá—.

No lo compre cerca a una casa desocupada y ruinosa, una subestación eléctrica, cables de alta tensión, o una torre de televisión, radio o teléfonos móviles.

Para la armonía, es mejor comprar en un área residencial, sin tener de vecino escuelas, iglesias, cementerios, hospitales, estaciones de bomberos o funerarias. ¡El sentido común le evitará vivir cerca a basureros!

Su prosperidad se afectará si construye una casa con una puerta frontal frente al espacio vacío entre dos edificaciones mucho más altas —en el feng shui se conoce como una "tajada de pastel"—. En términos occidentales, usted sufrirá los efectos de un túnel de viento frontal.

Me gusta el sonido de los sitios "imanes de dinero". ¿Dónde encuentro uno?

Un sitio "imán de dinero" atrae las más prósperas corrientes de viento y agua hacia usted. En este tranquilo ambiente, las relaciones florecen al igual que las profesiones. Como resultado, tarde o temprano (más pronto) el universo lo colmará de dinero.

Un sitio a medio camino de una colina, mirando hacia el agua en suave movimiento, no estancada, es un feng shui maravilloso. Esta es una verdadera posición "imán de dinero". Estos lugares son exactamente donde los ricos y famosos construyen sus viviendas. Las mansiones de celebridades y millonarios ubicadas en el Mediterráneo, son un buen ejemplo. Magníficas casas en puertos como en Sydney y Palm Beach también vienen a la mente.

Un segundo sitio "imán de dinero" yace en el punto más interno de la bahía de un océano o una bahía donde el agua fluye hacia usted, como se ilustra en la casa A. Vivir en la parte exterior de la bahía, o en un promontorio, no atrae tan buen feng shui. Aquí mucho dinero puede pasar a través de sus manos, pero quizás no lo retendrá (casa B).

¿Es de buena suerte vivir en la cima de una colina?

No es tan favorable como vivir a medio camino de una colina o cuesta. Vivir en la cima significa que es difícil acumular energía vital qi —el viento la dispersa muy pronto—. Esto lo deja expuesto a repentinos cambios de suerte, a menos que adicione una arboleda detrás de la casa, para que actúe como un espíritu protector de la tortuga negra (vea la sección sobre espíritus protectores de la casa).

¿Qué otros sitios incitan cambios repentinos de suerte?

Otros sitios que originan "cambios de suerte" incluyen el último y primer piso de un rascacielos, la casa más alta de la calle o un promontorio expuesto.

¿Es mal feng shui vivir frente a un cruce en T o Y?

Lo es. Si usted vive frente a un cruce en T o Y, la energía perturbadora de la calle penetrará en la casa, cansando

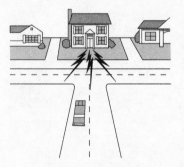

a sus ocupantes. Esta es una situación donde debe usar una puerta lateral en lugar de una frontal. Una solución es cultivar un seto de pequeños arbustos verdes y tupidos entre la calle y su casa, para bloquear tal energía. No coloque un árbol de tronco grande al frente de la puerta frontal; esto crea más feng shui malo.

¿Otra cura celeste? Coloque una pequeña fuente entre su casa y la calle, aunque sea costoso. Algunas personas prefieren un espejo de feng shui redondo u octagonal con respaldo rojo, fijado sobre la parte superior del marco de la puerta, para reflejar la energía indeseada. Haga uno pintando de rojo el respaldo de un espejo apropiado. Use un espejo de aumento para problemas grandes.

Otros espejos ba-gua especiales, de unas cuatro pulgadas (o diez centímetros) de diámetro, están a menudo rodeados por ocho arreglos de líneas blancas y negras llamados trigramas. Son fáciles de comprar en Oriente, o en el barrio chino de una ciudad grande. Use estos espejos sólo en los exteriores de la casa.

Como recurso final, construya una cerca frontal alta y sólida, preferiblemente pintada de blanco en el exterior —un color pocas veces usado en el feng shui—.

Mi casa está ubicada al final de un callejón sin salida. ¿Esto es feng shui bueno o malo?

Es feng shui malo. Sus ocupantes se sentirán cansados y sufrirán contratiempos y riñas. Mientras los occidentales tienden a considerar que los callejones sin salida son tranquilos, las tradiciones orientales dicen que la energía vital qi que fluye velozmente, penetra a la casa o casas ubicadas al final de la calle sin salida. La inquietante energía que proviene de las luces de autos en la noche, cuando se proyectan al final de la calle, es llamada "ojos de tigre".

Se aplican los mismos remedios de la pregunta anterior. En China, muchas casas tienen un pequeño muro, llamado ying pei, construido afuera de la puerta frontal, como una barrera para este tipo de sha qi o mala energía.

¿Por qué debo ser cauteloso viviendo cerca a una escuela o colegio?

El feng shui advierte que energía perturbadora se acumula cerca a las escuelas o colegios. Cualquiera que viva cerca (especialmente al frente) sufre del desbordamiento de energía problemática. A menudo, causan riñas, cansancio, trastornos emocionales y dolores de cabeza.

Cuando sea posible, tape la vista hacia el centro educativo. Mantenga cubiertas las ventanas que dan a las escuelas, y construya una barrera física entre su casa y estos lugares. Ponga un seto tupido de arbustos verdes, una fuente o una cerca alta y sólida.

¿Cuándo es peligroso vivir frente o cerca de una iglesia?

Según el feng shui la energía problema también se acumula cerca a iglesias, especialmente las más usadas para funerales, servicios conmemorativos y ocasiones tristes, que para eventos alegres como matrimonios y bautizos. Quienes vivan cerca deben aplicar los mismos remedios usados para escuelas o colegios.

Mi casa da a un cementerio, lo cual percibo como un mal feng shui.

Es importante tratar de tapar o bloquear la vista del cementerio, de tal forma que los ocupantes de la casa no observen constantemente un lugar de muerte. Excesiva energía yin también se acumula en cementerios y usualmente se desborda a casas cercanas, con resultados perturbadores.

A menudo un enrejado cubierto de flores o vides afuera de la ventana, provee una satisfactoria solución. Si esto no funciona, cubra una ventana que de al cementerio con persianas translúcidas de color limonado brillante u otro matiz alegre.

Un puente o sección aguda de la calle apunta a mi casa. ¿Es esto feng shui malo?

Sí, y un puente de borde agudo también puede enviar sha qi o energía mala. Trate de bloquear o tapar la vista usando cualquier método mencionado en las respuestas anteriores. De nuevo, una fuente entre su casa y el puente ayudará a mejorar el feng shui.

Tenemos la vista de un parque frente a la casa. ¿Qué efectos tiene esto?

Los parques son un muy buen feng shui, especialmente frente a la casa. Traen paz y armonía a quienes tienen vista a estas zonas verdes. Después verá cómo este espacio invita a la protección del pájaro rojo, uno de los cuatro espíritus guardianes del feng shui.

Nuestra casa tiene vistas al agua. ¿Cómo puedo usar el feng shui para duplicar nuestra prosperidad?

Observar agua, especialmente agua en movimiento, es muy buen feng shui para la paz y la prosperidad. Para duplicar este efecto favorable, cuelgue un espejo redondo u ovalado, bastante grande, sobre una pared interior, donde reflejará las imágenes de agua en su casa.

¿Un gran poste eléctrico frente a la puerta principal crea mala energía?

Sí. Fije un pequeño espejo redondo u octagonal (o un ba-gua especial de un mercado oriental) encima del marco de su puerta principal, para desviar el feng shui malo. Si el poste frente a la puerta luce particularmente amenazador, un espejo de aumento crea un efecto más fuerte.

Un enorme árbol está en frente a mi puerta principal. ¿Cómo afecta esto a los ocupantes de la casa?

Ese árbol envía excesiva y rápida energía yin a la casa, a través de la puerta principal. Esto abruma a los ocupantes, causando riñas y contratiempos. Considere quitar el árbol —también hay peligro de que caiga sobre la casa—. (Haga de antemano el ritual del feng shui para cortar el árbol mencionado en el capítulo 14).

Si quitar el árbol es imposible, fije un espejo encima de su puerta principal, para reflejar la energía problema.

Otra solución es poner una lámpara a cada lado de la puerta principal.

Nuestra ventana frontal da a una gran torre eléctrica o un peligroso cañón de chimenea. ¿Qué debería hacer?

Como solución a corto plazo, trate de tapar la vista desde su casa, tal vez con un enrejado cubierto de vides o flores afuera de su ventana. De otra manera, considere mantener esta ventana cubierta con cortinas translúcidas o hermosas persianas de papel de paja de arroz.

A largo plazo, trate de crear una barrera de árboles de hoja perenne tupidos, entre su casa y la torre eléctrica, recordando no colocar un árbol grande frente a la puerta de entrada. Un seto verde sería magnífico, pero puede demorarse en crecer. Otra opción es poner una fuente en el jardín, entre la indeseada vista y su casa.

¿Estaría más feliz en una calle donde la altura de las casas es casi igual?

Sí, porque esto hace que la energía vital qi fluya más suavemente de casa a casa. La vida en el barrio se vuelve más estable.

Las casas vecinas son mucho más altas que la mia. ¿Cómo afecta esto nuestro feng shui?

Los ocupantes de las casas más altas recibirán más energía vital qi. Como resultado, disfrutarán de una mejor suerte. Usted podría equilibrar el flujo de energía entre las casas poniendo un asta de bandera, tan alta como la casa de su vecino, entre las dos viviendas. Sin embargo, considere agrandar su casa para que quede a la par con las otras.

Vivimos en la casa más alta del sector. ¿Cómo afecta esto nuestro feng shui?

Recibirán más qi que las otras viviendas cercanas, y por consiguiente tendrán una mejor suerte y más oportunidades. Pero, también estarán más expuestos que los demás a cambios de suerte repentinos en todos los aspectos de la vida.

Residentes anteriores

¿Cómo me beneficiaría al saber el destino de los anteriores ocupantes de la casa?

Los chinos dicen, cuando alguien se cambia a una casa, que a menudo repiten el destino de los anteriores residentes. Es como usar los zapatos de ellos.

Por esta razón, debe preguntar si las personas que antes vivían en su casa ahora tienen una mejor vida —tal vez viven en una casa más grande en un mejor barrio—, o ahora tienen problemas, están en quiebra o se mudaron a una casa más pequeña.

Por tal razón, las casas compradas en subastas de acreedores hipotecarios no poseen buen feng shui. Sin embargo, si ya vive en una casa donde los anteriores residentes encontraron un destino triste, no se preocupe. El conocimiento es poder y soldado avisado no muere en guerra. Sólo asegúrese de tener más cuidado en el área de la vida donde los antiguos ocupantes tuvieron problemas. Podría adicionar una cura celeste en un conveniente punto del ba-gua.

Recuerdo una situación en Nueva Zelanda, en la cual una familia descubrió que mucho tiempo atrás su granja había sido un campo de batalla maorí. Comprendí por qué estaban envueltos en un proceso legal de mucho tiempo y tenían constantes fricciones con los peones de la granja.

**Nos estamos mudando a una casa recién construida.
¿Qué hay al respecto?**

No tendrá que contrarrestar tantas influencias pasadas. Sin embargo, es importante investigar la historia del lugar.

**Mi casa anteriormente era una estación de policía.
¿Qué debería hacer?**

El feng shui aconseja no comprar tal residencia, ya que retiene energía de dolor y ansiedad. Si la casa está en una ciudad costera o tiene vistas a agua, no hay por qué preocuparse tanto. De otra manera, instale una poderosa cura celeste, tal como dos flautas, cerca a la entrada principal.

Vecinos

¿Cómo influencian mi destino los vecinos?

Al igual que los anteriores residentes de su casa, los vecinos dan una indicación de la energía vital qi del área y de su propio destino.

¿Qué debo averiguar acerca de mis vecinos?

Si está examinando una casa o apartamento al que desea mudarse, pero oye o ve vecinos peleando, piénselo dos veces. Por otro lado, si vecinos sonrientes salen de la casa en un reluciente auto nuevo, es una indicación de un área feliz con energía qi próspera.

Mis vecinos se divorciaron de repente. ¿Debería ser cauteloso?

Las anteriores respuestas muestran cómo su destino a menudo refleja el de sus vecinos. No se atemorice, pero actúe. Trate a menudo con su pareja de resolver conflictos no resueltos. Mantenga la comunicación abierta con charlas frecuentes.

Lo más importante: adicione unas cuantas curas celestes a su casa —tal vez un abanico en el área del matrimonio—. También podría mover la foto de su boda al área de la sabiduría.

¿Prosperaré si mis vecinos se ganan la lotería o se vuelven ricos?

¡Hurra! Es muy probable. De algún modo misterioso, a través de un ascenso, un ingreso inesperado o un golpe de suerte, encontrará que nuevas riquezas aparecerán en su vida. Se asombrará.

Para prosperar, ¿es mejor vivir en una casa pequeña dentro de un área rica, o en una grande en un sector menos costoso?

Por ahora podría ver por qué es mejor para su suerte y riqueza comprar una casa pequeña en un área adinerada, que una grande ubicada en un sector menos acaudalado. Vivir en un área rica lo rodea de "qi próspero" que influirá en usted.

Presagios

¿Qué son los presagios del feng shui? ¿Cómo pueden ayudarme?

Un presagio es una cosa o un acontecimiento que hace alusión a nuestro futuro. El feng shui dice que en la vida no hay coincidencias —cada evento externo está conectado con un significado interior—.

Por ejemplo, si está examinando una casa en venta, y un coche fúnebre pasa en medio del tráfico, o peor aun, se detiene frente a la vivienda para una simple revisión de las llantas, es un mal presagio para su felicidad en esta casa.

Por otro lado, si cuando se acerca a la residencia, y en la radio de una casa vecina suena su canción favorita, para alguien que cree en presagios, esta sería una buena señal.

¿Debo tener cuidado con las bombillas fundidas, puertas atascadas u otros problemas en la puerta?

Si. Estos son por tradición malos presagios. Si está examinando una casa y una bombilla se funde, es un mal feng shui. Piénselo dos veces antes de mudarse a esta vivienda.

Los problemas en la puerta también son un feng shui negativo. Puede considerar una casualidad que se trabe la puerta de un apartamento que está examinando, o que no encuentre a la persona encargada de las llaves. El feng shui dice otra cosa.

Vi un pájaro muerto cerca a una casa que quizás voy a comprar. ¿Debería proceder?

No, ese es otro mal presagio. Si ya compró esa casa, adicione una cura celeste protectora. Sería ideal una pequeña fuente, un baño para pájaros, un juego de campanas o dos flautas.

Vivo en el campo. ¿Hay presagios especiales a tener en cuenta?

Sí, y se relacionan con las primeras impresiones. Cuando inicialmente examine una casa, eche un vistazo a las colinas cercanas, montañas o alrededores. A veces

tendrá la fugaz impresión de que una colina le recuerda algo. ¿Qué es? Una tortuga, una cara sonriente, o una rata (ver ilustración).

Pregúntese cómo se siente. Será un presagio bueno o malo, según lo que piense.

Cuando visité por primera vez nuestra nueva casa, la colina de atrás me recordó el sombrero de mi tío preferido. ¿Qué significa esto?

Este es un buen presagio porque le incitó un sentimiento de alegría. Pero, otra persona podría notar en la colina un barco invertido —un tradicional presagio de mala suerte en el feng shui—. Indica enfermedades para las hijas o sentencias de prisión para los hijos.

¿Puede el mismo presagio ser feng shui bueno para una persona y malo para otra?

Sí. Por ejemplo, alguien que es una rata en el zodiaco chino (los nacidos en 1924, 1936, 1948, 1960, 1972, 1984, 1996) podría ver como buen presagio la forma de dicho animal sobre la casa a comprar. Para la esposa de un granjero (que ve las ratas como pestes), podría ser un mal presagio.

Mi esposo bromeaba diciendo que los lujosos bloques de apartamentos donde queríamos vivir le recordaban archivadores. ¿Es esto un mal presagio?

Si su esposo es contador o siente que los archivadores son objetos agradables, es un buen presagio. Pero si usted cree que hay una desagradable asociación o el sentimiento de ser "archivado" en un bloque impersonal, es un mal presagio.

Capítulo Cinco

Hogares felices y diseños de lugares de trabajo

formas de casas
disposición de las habitaciones

¿Hay formas de construcción que activan la suerte y armonía? ¿Qué formas son de cuidado?

Winston Churchill afirmó, "formamos nuestras viviendas y después ellas nos forman".

La sabiduría del feng shui revela que las formas regulares, como cuadrados y rectángulos, atraen la buena suerte, al igual que los menos comunes círculos y octágonos. Tenga cuidado de las formas en L, T, H o U —cualquiera que sea irregular—.

¿Es cierto que una casa con las puertas principal y trasera en línea hace que el dinero y la suerte salgan más rápido de lo que entran?

Sí, este es uno de los más famosos secretos del feng shui.

También descubrirá, si se para en la puerta principal de una casa y puede ver la puerta trasera, que esto crea la sensación desagradable de no ser bienvenido. Inconscientemente, usted piensa en marcharse.

¿Cuál es la cura para las puertas principal y trasera alineadas?

Detener la energía vital qi que entra y sale demasiado rápido. Para solucionarlo, cuelgue un juego de campanas de viento, o tubos sonoros, dentro de la casa, justo en frente de la puerta trasera. También puede bloquear la línea entre las dos puertas con un objeto sólido y pesado, por ejemplo un estante para libros de madera. ¿Una tercera opción? Tapar la puerta trasera, de tal forma que no quede visible para quien esté entrando por la puerta principal.

¿Qué otros problemas puede causar un pasillo central?

Este diseño de casa puede hacer que los residentes se dividan en dos zonas hostiles. El conflicto se intensificará si los niños ocupan alcobas en un lado y la habitación de los padres está al otro lado.

Para solucionarlo, coloque un juego de campanas o tubos sonoros al final del pasillo, o a medio camino adicione una cura celeste tal como luz extra. Si la fricción es muy fuerte, coloque una o dos plantas verdes resistentes.

¿Cómo puede perturbar la vida familiar una casa en forma de U?

Tenga cuidado con esa forma, ya que puede causar problemas matrimoniales a sus residentes. Esto sucede porque las habitaciones situadas en los extremos salientes son consideradas como "dejadas fuera" del área principal de la casa. La sección entre las dos alas es vista como un "corazón desaparecido".

Una cocina localizada en una de las dos alas motiva al esposo y los hijos a comer fuera. La vida familiar puede perturbarse, e incluso el hogar puede disolverse.

¿Dónde debería colocar la alcoba principal en una casa en forma de U, para evitar que mi pareja pase noches en otra parte?

Trate de ubicar la alcoba en el cuerpo principal de la casa, hacia la parte trasera —no en las alas salientes—.

De otra manera, el feng shui advierte que el varón puede sentirse dejado fuera de la familia y empezar a pasar noches en otra parte.

Si es posible, use las alas para habitaciones de menor importancia para la familia, como cuartos de juegos, habitaciones para huéspedes, baños adicionales, o cuartos de costura, televisión o pasatiempos.

No sé qué hacer con una habitación importante, como una cocina o alcoba principal, en un ala saliente.

Corrija el mal feng shui colocando un seto bajo, un enrejado decorativo, o una hilera de flores o arbustos según la ilustración, para darle a la casa una forma

 cuadrada o completa. Otra cura es "techar" la sección media vacía, haciendo un patio cubierto. También puede colocar dos espejos grandes sobre una pared trasera de la sección principal de la casa, donde reflejen el ala saliente hacia ésta.

¿Qué problemas crea una casa en forma de L?

La forma irregular implica que algo no está correcto. Como resultado, los residentes pueden ignorar muchas oportunidades.

¿Cuáles son las curas para una casa en forma de L?

Coloque un árbol, lámpara, estatua o fuente en el jardín, diagonalmente frente a la esquina en forma de L. Esto equilibra la forma y arregla el mal feng shui.

¿Qué es una casa "problemática"?

Este diseño es una casa en forma de T con una sección media saliente —usualmente un área de entrada—.

Antiguos manuscritos asemejan esto con una nariz saliente o "problemática". Ésta obstruye la entrada de qi bueno a la casa a través de la puerta o boca de la edificación.

¿El resultado? Dificultades de dinero o cansancio para los residentes.

¿Cómo arreglo problemas de dinero o energía causados por la nariz "problemática"?

Siembre una planta o árbol de
hoja perenne tupido a cada
lado de la "nariz" (ver ilustración). Use un arbusto
en maceta en áreas que tengan
pavimentadas.

Forma y energía de la casa

¿Cómo se relacionan los diseños de casas con los cinco elementos chinos?

La forma predominante de una casa es clasificada bajo uno de los famosos cinco elementos chinos: fuego,
tierra, metal, agua o madera.

Olvide el material con el cual es construida —la forma es lo que cuenta—.

¿Qué tipo de energía tiene mi apartamento ubicado en un piso alto? ¿Dónde está su sitio de poder?

Las casas altas, por ejemplo las de tres pisos, o apartamentos ubicados en rascacielos, están bajo la influencia del elemento madera. Algunos escritos de feng shui
también llaman a esta una "casa de primavera", para
evitar la confusión con el material de construcción. La
energía de la vivienda se relaciona con creación, nutri-
ción y crecimiento.

Para la buena suerte en este tipo de casa, los residentes deben colocar un objeto de madera verde cerca al sitio de poder o área focal para tener energía beneficiosa: comedor, cuarto de los niños o alcoba.

¿Qué tipo de energía tiene mi casa con tejado puntiagudo? ¿Dónde está su sitio de poder?

Esta forma de vivienda es llamada "casa de fuego", ya que está regida por dicho elemento. La energía de su casa se relaciona con el intelecto y la vitalidad animal. Es buen feng shui mantener un objeto rojo y puntiagudo, o uno de cuero, cerca al sitio de poder de la estufa en la cocina.

Mi casa es de estilo granja, con techo plano. ¿Qué tipo de energía tiene? ¿Dónde está el sitio de poder?

Las casas de esta forma son regidas por el elemento tierra. La energía de dichas casas es sólida y resistente, pero necesita estimulación para evitar que los residentes se queden estancados en sus vidas. Para un buen feng shui, mantenga algo amarillo o hecho de arcilla o ladrillo cerca a su sitio de poder —cualquier lugar asociado con almacenamiento, por ejemplo su despensa, armario o garaje—.

La forma de nuestra casa es inusual —circular con curvas y arcos—. ¿Qué tipo de energía tiene? ¿Dónde está su sitio de poder?

Esta forma tiene la influencia del elemento metal chino, pero a menudo es llamada "casa de otoño", para evitar que la gente piense que la vivienda está hecha de metal. Para el feng shui bueno, ponga una moneda metálica en sitios de poder —el estudio o la cocina—.

Las construcciones con domos centrales están regidas por el elemento metal, que se relaciona con energía financiera. Esta forma es rara en viviendas domésticas. A menudo encontrará que tal estilo lo adoptan intuitivamente bancos, tesorerías o instituciones financieras.

Mi casa es moderna, tiene mucho vidrio. ¿Qué tipo de energía tiene? ¿Dónde está su sitio de poder?

Su casa está regida por el elemento agua chino. La energía que posee se relaciona con la comunicación. A menudo, casas de aguas complejas y modernas, mezclan características de los otros tipos. También pueden resultar de extensiones.

Los sitios de poder se centran en el agua —baño, cocina, fregadero o piscina—. Para buena suerte, mantenga un objeto hecho de vidrio negro cerca a cualquiera de estas áreas.

Puertas y destino

¿Qué revela la puerta principal de mi casa sobre mi destino?

Tal vez usted piense que sus puertas sólo estén ahí en silencio, pero para un experto en feng shui tienen mucho que decir. Su puerta principal puede revelar secretos de su futuro, finanzas, salud y felicidad —incluso varias disputas que probablemente ocurrirán en su casa—.

¡Descubra un poco de las tradiciones sobre la puerta del feng shui y podrá aumentar su armonía y felicidad!

¿Qué problemas causan una puerta principal demasiado grande?

Es como tener una boca enorme en la cara. Entra con fuerza mucha energía vital qi, originando contratiempos, riñas y nerviosismo.

¿Qué hago con una puerta principal muy grande?

Contrate un carpintero para que reduzca su tamaño, de tal forma que se vea proporcionada respecto al tamaño de la casa. Si es muy costoso o difícil de hacer, use la octava cura celeste —objetos pesados—.

Ponga dos estatuas pesadas (los leones y perros son populares) a los lados de la puerta principal, a fin de reducir el espacio disponible para la entrada de la energía vital qi. Arbustos verdes tupidos son otra opción. Los kumquats (naranjos chinos) son ideales, pues sus frutos dorados atraen dinero a su casa.

¿Una puerta principal pequeña origina mal feng shui?

Sí, en este caso, es como una boca pequeñita en la cara. Sólo entra un chorrito de energía vital qi. Con el tiempo, los ocupantes se vuelven reservados, tímidos e introvertidos. Si no puede colocar una puerta más grande, adicione paneles reflectivos alrededor de la parte superior y los lados. También puede usar paneles de vidrio de color, decorados con vides, kumquats, aves o motivos de buen presagio.

Tenemos dos puertas frontales. ¿Esto importa?

Sí, es como una cara con dos bocas en disputa. Este diseño incita riñas entre los residentes. Elimine una puerta, o haga que una se vea más importante con lámparas a cada lado y plantas de maceta. En los edificios públicos con este diseño hay mucha fricción entre el personal.

Escalones conducen descendentemente hacia la puerta principal desde una calle o escalera arriba. ¿Esto crea un buen o mal feng shui?

Caminar hacia abajo para llegar a su puerta principal es feng shui malo —no es bueno para las relaciones o las profesiones de sus residentes—.

Instale un reflector dirigido al techo de la casa, para aumentar la energía armoniosa en su hogar. Otra opción es colocar una lámpara a cada lado de la puerta principal. Préndalas el mayor tiempo posible.

¿Una tercera opción? Una lámpara de jardín que ilumine el camino a su casa —pero esta luz también debe resplandecer sobre algún área de la casa para aumentar su energía armoniosa—. También se puede crear un pequeño escalón artificial ascendente, justo afuera del umbral de la puerta.

¿Está bien entrar a la casa desde el garaje lateral?

El feng shui ve su casa como un cuerpo. La entrada a través de la puerta principal crea la máxima armonía para los residentes.

¿Crea problemas usar la puerta trasera como puerta principal o de entrada?

Sí. El resultado es energía en desorden e inestabilidad. Incite a todos los ocupantes de la casa a usar la puerta principal, a menos que dé a un cruce en T o Y. En este último caso, es correcto utilizar una puerta lateral o trasera.

¡Ayúdeme! Nuestra puerta principal es más pequeña que la trasera.

Esto significa que de la casa saldrá más energía que la que entra, cansando a los residentes. Agrande la puerta principal con una de las curas dadas anteriormente.

¿Qué revela sobre mi destino la disposición de mi habitación en relación con la puerta principal?

La disposición de las habitaciones en una casa influencia la conducta y el destino de los residentes. La primera habitación junto a la puerta principal determina la atmósfera y el carácter de toda la casa.

¿Cuál es la habitación más propicia para ser ubicada junto a la puerta principal?

Lo mejor es que la puerta principal abra hacia un vestíbulo de entrada espacioso, bien iluminado y ventilado, sin vistas de escaleras, alcobas, baños o la cocina. A menos que haya circunstancias especiales, una sala, solana o habitación familiar es ideal junto a la entrada. Esto estimula una vida de hogar relajada y equilibrada.

En una casa sin un área de entrada separada, lo mejor es que la puerta principal abra hacia la sala.

Nuestra área de entrada es pequeña, tiene un muro blanco y una puerta lateral que abre hacia un pasillo. ¿Es esto buen o mal feng shui?

Esta situación es mal feng shui, especialmente para residentes de la casa a largo plazo. Caminar a través de la puerta principal y tropezar con un muro que está demasiado cerca, causa problemas en la prosperidad y en el qi personal. Pero hay un remedio. Cuelgue un espejo a nivel de la vista en el muro de la entrada, de tal forma que quienes pasen por la puerta principal tengan una sensación de espacio. También puede colocar una planta verde o flores frente al espejo, sobre una pequeña mesa o estante.

¿La siguiente mejor solución? En lugar de un espejo, cuelgue la pintura de un paisaje con algún tipo de perspectiva o sensación de distancia.

¿Por qué es peligroso ubicar un trastero, cuarto de huéspedes, cuarto de juegos o el salón de billar junto a la puerta principal?

Ya que la primera habitación junto a la puerta principal determina la atmósfera de la casa e influencia la conducta, un cuarto de juegos hace que los residentes desperdicien su tiempo. Este tipo de habitación incita a peleas debido a su mismo nombre. Déle un nuevo nombre. Tal vez estudio, solana, "sala de diversión" o el que considere apropiado.

Un trastero cerca a la puerta principal hace que los miembros de la familia se enfoquen en la idea de basura y trastos viejos cada vez que entran —no es una influencia armoniosa—. Esta disposición también incita a la acumulación de más trastos.

Mi cocina está junto a la puerta principal. ¿Esto es mal feng shui para quienes siguen una dieta?

Sí. Esta disposición incita a sus ocupantes a comer todo el día. Los pasabocas siempre serán tentación.

Una cocina sin puerta empeora el problema, por lo tanto cubra la entrada, adicione una cortina o una puerta nueva. Si la cocina tiene puerta, refleje el exterior para invertir el flujo de energía (un espejo actúa como herramienta de motivación). Como último recurso, cuelgue un juego de campanas o tubos sonoros en la entrada a la cocina.

El lavadero se encuentra junto a la entrada . . .

La suya tenderá a ser una casa de duro trabajo. Nunca deje la puerta del lavadero abierta. Si es posible, refleje el exterior de la puerta del cuarto, o cuelgue un cristal en la entrada.

¿Y el cuarto de aseo cerca a la puerta principal?

¡Puede estar de moda, pero es un mal feng shui! Y nunca deje abierta la puerta del cuarto de aseo, es terrible para su suerte. Refleje el exterior de la puerta, cuelgue un cristal en la entrada, o ponga cerca una planta verde resistente.

¿Qué hay de una alcoba junto a la puerta principal?

Esta común disposición no es buen feng shui. Las preocupaciones mundanas persistirán en la mente de los ocupantes. Para disfrutar el sueño más tranquilo, ubique su alcoba lo más lejos posible de la puerta principal. Si es difícil, refleje el exterior de la puerta de la alcoba o cuelgue un cristal cerca a la entrada.

Escaleras

¿Cuáles son las posiciones más favorables para las escaleras?

Ubique las escalaras fuera de la vista cuando se abre la puerta principal. Trate de localizarlas hacia un lado de la vivienda en forma razonable.

¿Cuáles son las posiciones y formas menos favorables para las escaleras?

Una escalera que inicie justo al lado de la puerta principal es feng shui negativo. Los chinos evitan esto porque la energía vital qi avanza muy rápido escalera arriba, sin la posibilidad de fluir alrededor del piso bajo. De este modo, el dinero y las oportunidades salen de la casa demasiado rápido.

Hay muchas curas. Cuelgue un juego de campanas o tubos sonoros entre el primer escalón y la entrada, instale una luz brillante encima de la escalera, coloque un espejo redondo sobre el rellano, o una planta verde debajo de las escaleras.

Es mejor que la escalera tenga un rellano que cambie de dirección a medio camino, con la parte frontal en curva en lugar de iniciar en una línea recta que apunte a la puerta principal. Los peldaños necesitan contraescalones. Los espacios blancos entre peldaños permiten que el qi fluya.

En una escalera, ¿qué da mayor suerte, un número de peldaños par o impar?

Una escalera con un número impar de peldaños es más favorable. Muchos chinos incluso adicionan un escalón para mejorar su suerte.

¿Por qué el feng shui evita las escaleras en espiral?

Esa forma hace que la energía gire con un peligroso movimiento espiral, que causa contratiempos y riñas. Una escalera en espiral central es peor porque "perfora" el corazón de la casa. Arregle el problema con una luz las veinticuatro horas en la parte superior de la escalera.

Pasillos

¿Cómo deberían ser construidos los pasillos?

Deben ser anchos y estar bien iluminados. Los largos y angostos causan muchos problemas de feng shui. Cuelgue un juego de campanas o tubos sonoros a medio camino de un pasillo problema, o ponga plantas verdes resistentes o espejos de trecho en trecho. No cuelgue dos espejos frente a frente, pues la energía rebotará de un lado a otro. Lo mejor es que las puertas de las habitaciones a cada lado del pasillo no estén exactamente una frente a la otra. Si están así, ponga una planta verde cerca a una puerta en el corredor.

Duermo en una habitación "boca de dragón". ¿Hay algún remedio?

Se dice que cualquier habitación al final de un largo y angosto pasillo "escudriña el interior de la boca del dragón". ¡Es tan peligroso como suena! El qi fluye rápidamente a lo largo del pasillo, penetrando en la habitación final con energía perturbadora. Esto causa muchas dificultades a los ocupantes.

¿El remedio? Ponga una mampara alrededor de la puerta para evitar que el qi entre directo como un rayo, o ponga plantas verdes grandes a cada lado de la puerta. Una tercera opción es un juego de campanas, tubos sonoros o un cristal en la entrada.

Sabiduría de la ventana

Mi casa tiene muchas ventanas. ¿Puede esto hacer que nuestros hijos adquieran malas conductas?

Sí. El feng shui usualmente ve la casa como un cuerpo y las ventanas como ojos. Pero al comparar la proporción de puertas y ventanas, las primeras representan bocas parentales y las segundas bocas de los hijos. Demasiadas ventanas significan demasiados rumores en bocas de niños, lo cual origina discusiones familiares.

Cuando las ventanas superen en tamaño a las puertas (esto sucede en la mayoría de casas occidentales), el feng shui advierte que los hijos ignorarán los consejos parentales y no respetarán a los mayores. (En esta situación, las ventanas grandes con vidrios pequeños cuentan como una ventana).

Según el feng shui, ¿cuál es la proporción correcta entre puertas y ventanas?

Las ventanas, o bocas de los hijos, no deben exceder en número a las puertas o bocas parentales por más de tres a uno. Para armonizar las relaciones en una casa con gran cantidad de ventanas, cuelgue una pequeña campana de plata, o un juego de campanitas de viento, cerca a la puerta principal. Cada vez que la puerta se abre, la campana tintinea, y las ventanas (hijos) son forzadas a escuchar esta voz parental.

El sonido de una campana siempre es feng shui bueno. Muchas culturas alrededor del mundo atribuyen a su toque magia y poder.

Mi salón de tertulia tiene grandes ventanas en cada extremo. ¿Por qué esto perturba a las personas?

La energía vital qi fluye muy rápido a través del salón y sale por estas ventanas. Como resultado, los ocupantes se sienten perturbados y nerviosos. Haga que una ventana sea el punto focal, tal vez con cortinas especiales colgadas a lo largo de ella para que se vea más grande. Cubra parcialmente la otra ventana con cortinas para hacerla ver más pequeña. Las personas ahora se sentirán más cómodas y calmadas.

¿Es mal feng shui dejar una ventana rota sin reparar?

Sí. El feng shui advierte que nunca se deben dejar rotas las ventanas, incluso si el daño es imperceptible. Incitan molestias en los ojos.

¿Qué es mejor, las ventanas que se deslizan de arriba hacia abajo o las que abren de adentro hacia afuera?

Las ventanas que abren hacia fuera atraen un mejor feng shui, porque el movimiento del cuerpo al abrirlas extiende su campo personal de energía vital qi. Las ventanas que abren hacia dentro son dañinas para los ocupantes de la casa. Con el tiempo tenderán a volverse tímidos.

Mis ventanas están hechas para que deslicen sólo hasta la mitad. ¿Qué significa esto?

La tradición dice que quienes viven en casas con estas ventanas, disfrutan dando falsas impresiones a los demás.

Vivimos en una casa de estilo antiguo, con ventanas angostas. ¿Cómo afecta esto nuestro feng shui?

Las ventanas angostas pueden restringir oportunidades de los residentes y hacer que se les reduzca su perspectiva natural de la vida.

¿Cómo se afecta el feng shui por ventanas circulares, semicirculares, arqueadas u octagonales?

Estas formas atraen energía armoniosa a su casa.

¿Son feng shui bueno las ventanas saledizas?

Sí. La forma de las ventanas saledizas se asemeja a un ba-gua u octágono parcial. Por consiguiente, son de muy buena suerte. Cuando tienen vista a agua, usted tiene el rincón más propicio de su casa. Haga de este sitio un encantador refugio con asientos en la parte interior del ventanal, donde pueda disfrutar de un libro.

¿Cómo afectan a los residentes los pisos contiguos construidos en niveles distintos?

Los chinos dicen que niveles diferentes de pisos pueden causar altibajos en la vida de los ocupantes. Ubique áreas para comer en las secciones más altas a fin de tener mejor feng shui. Luces extra en la sección inferior aumentarán la energía qi armoniosa.

¿Por qué es mal feng shui las vigas expuestas?

Muchos arquitectos occidentales están a favor de las vigas expuestas. Pero, son feng shui malo y crean corrientes perturbadoras en la energía vital qi en la habitación. Compriman el qi, causando tensión, dolores de cabeza y riñas a quienes se sientan o duermen debajo de ellas.

¿Cuáles son las curas para las vigas expuestas?

La tradicional cura china es bajar el techo de tal forma que las vigas sean invisibles, o colgar una borla sedosa roja en cada viga. Los occidentales, que prefieran una cura discreta, pueden colocar cristales de cuarzo claro sobre las vigas —tantas como consideren necesarias para la habitación—. Un cuarto pequeño puede necesitar pocos, uno grande requiere más. Dos flautas a lo largo de las vigas también son buenas curas.

¿Cómo puedo remediar vigas visibles en la alcoba?

Para prevenir dolores de cabeza, riñas y otros contratiempos, aplique una de las curas de la anterior respuesta. Trate de asegurar que las vigas estén paralelas a su cama en lugar de atravesarla.

Dormir en una cama imperial con un sólido cielo, también lo protegerá de los malos efectos de las vigas.

¿Y las vigas expuestas en una cocina o comedor?

Evite una mesa directamente debajo de una viga —esto causará fricción mientras las personas comen—. Si la mesa es rectangular, lo mejor es que la viga no la atraviese sino que esté paralela a ella. Aun así, necesita adicionar otra cura celeste como una araña de luces o velas para remediar la forma rectangular de la mesa, que tampoco es feng shui bueno.

¿Un tragaluz es buen feng shui?

Sí. Aumentar la cantidad de luz incrementa la energía armoniosa y curativa en su casa. Los mejores son los tragaluces circulares, ovalados u octagonales. Esto últimos tienen iluminación eléctrica adicional para uso nocturno, y adornos de madera para realzar casas antiguas o coloniales.

¿Es buen o mal feng shui los techos con mucho declive?

Son feng shui malo. Si usted duerme en ese tipo de habitación, o en un desván, cuelgue un juego de campanas o tubos sonoros en el punto más bajo del techo en declive. Esto dispersa la energía vital qi que se acumula ahí.

¿Hay sugerencias de feng shui para garajes?

Sí. Cuando sea posible, ubíquelos alineados al resto de la casa, en lugar de que sobresalgan en ángulos rectos con una puerta enorme que empequeñece la puerta principal de su vivienda.

Por ejemplo, en una casa estilo granja, lo mejor es que el garaje esté en un extremo y pintado de tal forma que haga juego con la vivienda.

Los ocupantes de casas donde los garajes sobresalen en ángulos rectos sufrirán más de estrés.

Capítulo Seis

Buen feng shui, habitación por habitación

cocina, cuarto de baño y alcoba

¿Cuál es el elemento más importante a tener en cuenta en la cocina?

En feng shui, sólo la posición de la cama importa más que la ubicación de la estufa de la cocina. La sabiduría del feng shui dice que una estufa mal colocada puede hacer que una reacción en cadena de displicencia o discordia avance a través de su casa. Con el tiempo, esto afectará también la salud y el dinero de su familia.

¿Cuál es la posición del "cocinero malhumorado"? ¿Por qué es considerada negativa?

Esta receta para el desastre ocurre cuando la persona que está cocinando se para de tal forma que no mira la puerta o puertas de la cocina.

El feng shui dice que es muy importante que el cocinero nunca sea asustado y pueda fácilmente ver quien entra por la puerta. Manuscritos de siglos de antigüedad explican que el qi de la cocina y el cocinero siempre debe permanecer calmado y tranquilo.

Cualquiera que entre inesperadamente altera el campo de energía qi personal del cocinero y el de la habitación. Luego el cocinero se volverá malhumorado.

El sha qi, o discordia, se traslada a la comida y luego a quienes la consumen. Con el tiempo se deteriora la disposición y el comportamiento de todos en la casa.

¿Cuál es la posición del "cocinero pacífico"?

Cuando el cocinero mira hacia la puerta principal de la cocina y puede observar quien entra. En la mayoría de países occidentales pocas veces la estufa es ubicada en la posición correcta. Las estufas en el centro de la cocina tienen una mejor localización.

Cualquier dueño de restaurante le dirá que un chef feliz crea un restaurante feliz, mientras que uno malhumorado hace que reine la tristeza en el lugar.

¿Puede demostrar los efectos de la posición del "cocinero malhumorado"?

Imagínese una madre que con cuidado revuelve una delicada salsa en la estufa, dándole la espalda a la puerta. En el momento crucial, su hijo entra de puntillas y pone sus manos en la cintura de la cocinera. "¿Adivina qué, mamá? Salí temprano del colegio. ¿Qué hay para comer?"

La madre se asusta y la salsa se estropea ligeramente. Luego en la mesa, el esposo murmura que su salsa favorita tiene un sabor peculiar y ella se siente un poco resentida. La atmósfera en el comedor se torna molesta y los muchachos quedan irritables, discutiendo acerca de sus deberes.

Ahora, el esposo molesto ve televisión en lugar de terminar un informe de trabajo retrasado. El día siguiente su jefe le pide el informe. ¡Adiós al aumento de sueldo! ¡Adiós a las vacaciones en el extranjero! Pero, ¿quién pensaría en culpar la posición de la estufa?

¿Cuál es la cura para la posición del "cocinero malhumorado"?

Es simple. Cuelgue un juego de campanas, tubos sonoros o un cristal entre la estufa y la puerta o puertas de la cocina. Esto corrige el flujo de energía qi.

¿Hay otra cura para la mala posición de la estufa?

Otra cura tradicional es reflejar el área de la pared que está detrás o alrededor de la estufa, de tal forma que el cocinero pueda ver la puerta o puertas de la cocina mientras prepara la comida. Esto parece muy elegante en una cocina, aunque para los occidentales luzca extraño. Azulejos reflectivos, tal vez en metal bruñido, pueden ser más aceptables.

¿Qué parte de la estufa pronostica riqueza familiar?

El número de quemadores revela todo. ¡Entre más haya, más rico será! El feng shui dice que hay una estrecha relación entre su estufa, comida y riqueza —esto se refleja incluso en las palabras chinas para comida y riqueza—.

¿Cómo aumentan o reducen mi dinero los quemadores?

El feng shui dice que es importante rotar el uso de los quemadores. Dejar algunos sin utilizar, bloquea el flujo de dinero de la familia.

Odio limpiar la estufa. ¿Es cierto que una estufa sucia reduce la prosperidad?

Sí. El feng shui dice que el tizne sobre su estufa atasca los canales para futura riqueza.

Todavía no he arreglado mi estufa dañada, y estoy usando un horno microondas. ¿Cómo afecta esto el feng shi de la familia?

Muy mal. Arregle la estufa lo más pronto posible. Una estufa dañada y sin usar atrae muchos problemas de feng shui.

¿Por qué atrae mala suerte una cocina mal iluminada?

Una cocina oscura carece de armonía y transmite tristeza a todos en la casa. Adicione luz para mejorar el feng shui.

Me dieron un costoso juego de cuchillos de cocina como regalo de boda. ¿Exponerlos origina problemas?

¡Sí! Mirar constantemente instrumentos de lucha incita el desorden en su casa. Mantenga los cuchillos fuera de la vista.

Mi cocina mira hacia una fea pared vacía. ¿Qué hago?

Mirar una pared fea lo pondrá contra un muro financiero y emocional, y con el tiempo causará toda clase de contratiempos en la casa. Cultive flores o vides verdes en las paredes —tal vez necesite adicionar un enrejado—. Si paga arriendo, otra opción son plantas trepadoras en maceta.

¿Una tercera opción? Pídale a un amigo artista que pinte un atractivo mural de flores y vides, o cualquier tema basado en la naturaleza.

Nuestra cocina tiene vista a un tranquilo parque. ¿Es esto feng shui bueno?

Sí, esto trae buena energía a quienes usen la cocina.

Cuarto de baño

¿Un cuarto de baño centralmente ubicado es mal o buen feng shui?

Es feng shui malo, a menos que adicione espejos a las paredes internas del baño. Ubique los baños lejos de la puerta principal, al lado o en la parte trasera de su casa.

Dicen que la incorrecta posición del sanitario drena la suerte para el dinero. ¿Tengo un "sanitario de mala suerte"?

Un retrete visible apenas usted abre la puerta del cuarto de baño, origina el peor feng shui posible. Drena lejos su suerte para el dinero.

Antiguos manuscritos explican que como el cuarto de baño es un lugar donde el agua (simbolismo de dinero) entra y sale de la casa, su diseño puede afectar el dinero de los residentes. Es mejor ubicar el baño en un pequeño cuarto separado. Mantenga tapada la taza del sanitario.

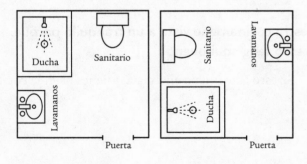

Baño de mala suerte   **Baño de buena suerte**

¿Cómo arreglo mi baño de mala suerte?

Podría tapar el retrete con un vidrio ahumado u otra barrera, de tal forma que no sea visible al abrir la puerta del cuarto de baño. ¿Está corto de dinero o paga arriendo? Dos cortinas de bambú laqueado son una opción económica.

Además puede colgar un reluciente cristal de cuarzo claro cerca a la puerta del cuarto de baño para mejorar el flujo de energía. También podría reflejar el exterior de la puerta, asegurándose que el espejo no "corte" la cabeza de la persona más alta de la casa. ¿Otra opción? Ponga una planta cerca o frente a la puerta del baño.

¿Es buen feng shui un cuarto de baño en la alcoba principal?

Los arquitectos modernos dicen "sí" al cuarto de baño en esta habitación, pero la antigua sabiduría china dice "no". Esto se debe a que un baño que dé a una alcoba emite qi malo, incitando problemas en el sistema digestivo de los residentes. ¿La cura? Un cristal colocado entre el baño y la cama, o un espejo sobre la puerta del cuarto de baño. Siempre mantenga esta puerta cerrada.

¿Es buen o mal feng shui un armario ubicado entre el cuarto de baño en la suite y la alcoba?

Es excelente feng shui, ya que evita la necesidad de una cura especial, como se mencionó previamente.

¿Cuál es el efecto de un pequeño cuarto de baño con una puerta grande?

Esto no es feng shui bueno. Estimula a los residentes de la casa a pasar demasiado tiempo en el baño arreglándose y engalanándose. Remedie el problema colgando un espejo o un cuadro favorito sobre la pared opuesta a la puerta del cuarto de baño.

¿Las caldas, los remolinos y chorros burbujeantes afectan los cuartos de baño?

Cualquier mecanismo de agua burbujeante trae feng shui bueno y energía extra a los miembros de la familia.

¿Cuáles son los mejores colores en el cuarto de baño para atraer armonía y paz?

Paredes con colores pasteles como el melocotón, albaricoque, limonado, azul, lavanda y verde, adicionan armonía al cuarto de baño. Evite el efecto de drenaje energético de todo blanco. Pero si le gusta este color, adicione alegres salpicaduras de colores vivos en toallas, cortinas de la ducha y alfombras de baño.

¿Por qué son de buena suerte los colores de perla cremosos en los cuartos de baño?

El cuarto de baño está regido por el poderoso dragón de agua, que ama el suave y cremoso color de las perlas. La leyenda dice que los dragones no comen nada diferente a perlas de color del océano.

¿Por qué el patrón del caparazón de la tortuga es bueno para los accesorios del baño?

La tortuga negra es uno de los cuatro espíritus protectores del feng shui (más sobre ellos posteriormente). Por lo tanto, cualquier cosa asociada con una tortuga atrae más feng shui bueno. El patrón del caparazón de la tortuga realza los toalleros, estuches de jabones y otros artículos.

¿Qué fragancias y aceites de baño son buen feng shui?

Son preferibles los aceites de jazmín, mandarina, naranja, magnolia y durazno. Si quiere adicionarlo a papel regalo, moje algodón de rama con unas pocas gotas del aceite y déjelo durante la noche con el papel regalo en una bolsa sellada. Además, un poco de aceite frotado ligeramente sobre una bombilla, esparce la deliciosa fragancia en una habitación de la forma más encantadora.

Despierte a la energía de una buena alcoba

¿Cuál es la localización más favorable de una alcoba?

Para disfrutar un sueño más tranquilo y estimulante, ubique las alcobas lo más lejos posible de la puerta principal en la parte trasera de la casa o el piso superior, al fondo. El feng shui dice que de este modo las preocupaciones mundanas perturbarán menos su sueño.

¿Debería considerar las direcciones de la brújula al ubicar las camas?

No es necesario. El feng shui internacional de la puerta del dragón dice que la posición existente de la puerta de su alcoba principal, determina dónde debería estar la cama. Y la mayoría de posiciones problemáticas pueden ser corregidas con espejos y cristales. (Las puertas son un foco central en muchas tradiciones místicas y filosóficas).

¿Cuál es la cura para una alcoba localizada al lado de la puerta principal?

La tradicional y más efectiva cura del feng shui es reflejar el exterior de la puerta de su alcoba. Esto cambia el flujo de qi cerca a la puerta principal.

Sin embargo, a veces reflejar la puerta resulta difícil y en ocasiones no es aceptable en casas occidentales. Su segunda mejor opción es colgar otra cura celeste, tal como un cristal, en la entrada de la alcoba o junto a ella. Un reluciente cristal de cuarzo claro es ideal.

¿Cómo encuentro la más favorable posición para la cama principal?

Mueva su cama de tal forma que quede diagonalmente opuesta a la puerta de la alcoba principal, como es mostrado en la ilustración. Esto le permitirá tener una vista dominante de la habitación mientras está en la cama, y será difícil que alguien entre sin que usted lo vea. El feng shui dice que las entradas inesperadas hacen que los campos de energía qi se perturben en patrones dentados que gradualmente crean discordia.

Dormir en la posición del emperador revitaliza, ya que el qi de su cuerpo y la habitación permanecen en tranquilidad.

¿Cuál es la posición del "ataúd"? ¡Suena aterrador!

Tenga cuidado con la posición del ataúd, que se presenta cuando duerme frente a la entrada con los pies apuntando directamente hacia ella.

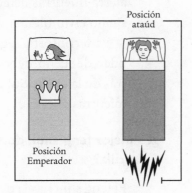

¿Por qué es llamada la posición del ataúd?

En Oriente, esta es la posición en la cual los cadáveres eran sacados de la habitación, con los pies primero.

¿Puede la posición del ataúd acortar la vida hasta cuatro años?

Muchos maestros de feng shui orientales advierten que sí ocurre esto.

¡Ayúdeme! Mi alcoba es tan pequeña, que tengo que dormir en la posición del ataúd.

Cuelgue un juego de campanas, tubos sonoros o un cristal entre sus pies y la puerta, para corregir el flujo de energía. Muchas personas prefieren cristales para esta situación, porque emiten hermosas luces de arco iris cuando el sol brilla.

¿Las ventanas detrás de la cabecera de mi cama me afectan favorable o desfavorablemente?

Las ventanas detrás de la cama debilitan su campo de energía qi personal, y su subconsciente permanece alerta mientras usted duerme. ¿El resultado? Menos sueño estimulante.

Para confort y seguridad además de una mejor calidad de sueño, debe tener una pared sólida y recta detrás de la cama. Subconscientemente se relajará más mientras duerme, y despertará revitalizado.

¿Es mejor feng shui, dormir en una cama doble o sencilla?

El feng shui revela que el vacío físico creado cuando la pareja duerme en camas gemelas, con el tiempo creará un vacío emocional. Son mejores las camas dobles.

¿Qué puedo hacer respecto a serias riñas en la alcoba?

A menos que usted duerma en la más favorable posición del emperador, trate de mover su cama a un lugar diferente, o ponga un cristal reluciente en la ventana, donde emitirá luces de arco iris. Una atractiva lámpara extra con una pantalla de color rosado o melocotón, también aumentará la energía armoniosa.

La posición de mi cama no es buena (del emperador) ni mala (del ataúd). ¿Cómo la mejoro?

Cuelgue un espejo, como aparece en la ilustración, para reflejar la entrada dentro de su línea de visión

cuando esté en la cama.
Este es un principio del
feng shui muy impor-
tante. Si no puede ver la
puerta cuando está en la
cama, entradas inespera-
das lo asustarán, hacien-
do que el qi personal y
de la habitación se alte-

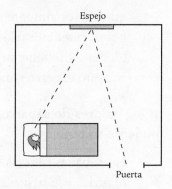

re en líneas dentadas discordantes. Esto origina un
campo de discordia alrededor de usted.

**Mi esposo insiste en que nuestra cama esté en una línea
norte-sur. Pero la forma en que él la ha colocado es mal
feng shui —no podemos ver la puerta desde la cama—.
¿Qué puedo hacer? ¡Odio las peleas!**

Relájese. El feng shui es maravillosamente práctico.
Como en la anterior respuesta, cuelgue un espejo de
tal forma que pueda ver la puerta de la alcoba cuando esté en la cama.

**¿Por qué algunos expertos en feng shui evitan los
espejos en las alcobas?**

Ciertas culturas orientales creen que en la noche el
alma se separa del cuerpo. Cuando regresa a éste antes de la hora de despertar, se dice que el alma puede
sufrir un fuerte impacto al verse en un espejo.

Sin embargo, la cultura occidental es feliz con espejos en las alcobas —son una tradición—. A menos

que personalmente se sienta intranquilo con los espejos, puede usarlos para solucionar muchos problemas. Escuche su propia intuición para decidir. Ningún experto conoce mejor que usted su casa.

¿Qué colores de sábanas estimulan el romance para mujeres solteras?

Las sábanas rosadas o melocotón irradian energía romántica y le susurran al cosmos que usted está buscando el amor. Los siguientes mejores colores para la armonía de la alcoba son los pasteles, o impresiones naturales como flores y hojas.

La alcoba de mi hijo está desocupada debido a que viajó al extranjero . . .

Cuelgue un espejo sobre la pared opuesta a la puerta sin usar. Esto estimula un regreso seguro a la casa.

¿Una grieta en el yeso de la alcoba significa algo?

¡Rápido! Repare la grieta. El feng shui dice que esto anuncia una relación rota para quienes habitan la alcoba.

¿Tiene consejos de buena suerte para mi alcoba en una nueva casa?

Compre cama y colchón nuevos para estimular un nuevo comienzo y una renovada suerte; o al menos compre un juego de sábanas de un color o patrón con feng shui bueno. Esto lo iniciará en un nuevo ciclo de buena suerte.

Restrinja los artículos eléctricos en su alcoba. El feng shui advierte tener cuidado con una alcoba repleta de elementos tales como el televisor, radio, reloj despertador eléctrico, cobija eléctrica, teléfono móvil y otros similares, pues crean campos energéticos disruptivos que afectan el sueño.

¿Cuál es buen feng shui para la alcoba de alguien gravemente enfermo?

Cuelgue una pintura, foto o impresión de un árbol o flor de durazno cerca a la cama del enfermo, en su línea de visión. Los antiguos chinos decían que esto ayuda a que el individuo se sienta mejor, se anime y avive su campo de energía qi personal. Si da a un minusválido un regalo de esta clase de trabajo artístico, explíquele por qué es feng shui bueno.

Capítulo Siete

Buen feng shui, habitación por habitación (continuación)

secretos de los asientos, comedores, salas, estudios, cuartos de los niños y otras habitaciones

¿Cuál es el asiento de poder del dragón?

Es el asiento más influyente en una habitación. Cualquiera que se siente aquí adquiere energía extra y una ventaja de poder sobre otras personas en la habitación.

Cuando se encuentre en un asiento del dragón, su campo de energía qi personal no es perturbado por entradas inesperadas.

¿Cómo encuentro el asiento de poder del dragón en una habitación?

Siempre es un asiento que mire a la puerta, pero lo más lejos de ella posible,

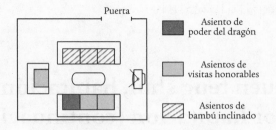

Puerta

Asiento de
poder del dragón

Asientos de
visitas honorables

Asientos de
bambú inclinado

preferiblemente en diagonal, no en línea directa. Cuando hay varias puertas en una habitación, el asiento (o asientos) del dragón da la perspectiva más dominante de ellas, permitiendo ver a cualquiera que entre o salga.

¿Cuáles son los asientos de visitas honorables? ¿Cómo afectan a los ocupantes?

Son asientos de poder secundarios, a menudo muy cerca de los asientos del dragón. También dan al ocupante una buena vista de la puerta. Usted podría sentar aquí a alguien que aprecie, tal vez un tío predilecto.

¿Cuál es la posición de bambú inclinado? ¿Quién debería sentarse ahí?

Los asientos restantes, con una mala vista de la puerta o de espaldas a ella, son llamados asientos de bambú inclinado. Quien se siente en ellos se inclina, como un bambú en el viento, a las más poderosas fuerzas de los asientos del dragón y las visitas honorables. Estos son lugares ideales para sentar a un visitante fisgón o indeseado.

¿Es mejor sentar siempre a las personas de acuerdo a estas reglas de poder?

Es importante que al menos entienda las fuerzas que actúan. Luego podrá experimentar. Podría ubicar a un imperioso vendedor en la más débil posición de un asiento de bambú inclinado. Si es una adolescente tímida que va a tener una cita en su casa, podría ubicarse en un asiento de visita honorable para tener confianza, y poner a su nervioso invitado en el asiento del dragón.

Un asiento del dragón no volverá chismoso a alguien reservado, ni uno de bambú inclinado convertirá en un cortés conversador a un charlatán. Pero, ¿por qué no usar todas las ventajas posibles?

Mis hijos a veces se sientan en un asiento del dragón. ¿Esto les afectará?

Use el sentido común. Si los niños ya son revoltosos, no los deje ver televisión tarde en la noche sentados en sitios de poder. Quizás nunca vayan a la cama.

¿Cómo debería colocar un mueble en forma de L para evitar las "flechas venenosas"?

No ubique la esquina del mueble dirigido hacia una cama cercana (ilustración). Esto envía mala energía o "flechas venenosas" perturbando el sueño de los ocupantes. 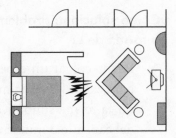 Coloque el mueble a lo largo de dos paredes posteriores.

¿Qué estilo de muebles crean buen feng shui y una atmósfera tranquila?

En lo posible, escoja muebles con formas redondeadas o curvadas, en lugar de ángulos agudos. Esta última forma es más apropiada en una oficina.

¿Otras sugerencias útiles sobre los asientos?

Si vive solo, no ubique sillas en números impares como el uno, tres o cinco. Números pares atraen compañía. Como lo dice el refrán: "la felicidad llega en pares".

¿Qué forma es armoniosa para una sala?

Un cuadrado o rectángulo es ideal, pero un círculo u octágono, pocas veces encontrados, también son feng shui bueno.

¿Por qué las salas en forma de L causan problemas?

Esta forma implica que faltará una sección del ba-gua. Como resultado, los residentes a menudo ignorarán oportunidades relacionadas con el área faltante del ba-gua.

¿Cómo soluciono problemas de feng shui en una sala en forma de L?

Puede colgar un espejo (mejor redondo u ovalado) para extender visualmente el área faltante y completar la forma simbólicamente. La ilustración al final del capítulo 3 muestra esta situación. También puede colgar un cristal, o usar un tabique para dividir la sala en dos habitaciones cuadradas.

¿Una puerta en el área de prosperidad arrastrará lejos mi dinero?

Sí. Algunos cierran con llave cualquier puerta en este punto. Pero si usted necesita usarla, ponga cerca una cura celeste, como un juego de campanas, un cristal, una planta, luz extra o peces de colores.

Vivo en un sitio de una sola habitación. El refrigerador está en el área de prosperidad. ¿Es mal feng shui?

Sí. Esto puede "congelar" su prosperidad. Muchos me han hablado de la mayor prosperidad que tienen después de mover el refrigerador o poner una cura celeste.

Mi piano se encuentra en el área de prosperidad. ¿Es buen feng shui?

¡Sí! Un piano produce un encantador feng shui y armonía en cualquier parte, y un piano de cola es aun más imponente. Una madre soltera con dos hijos que tenía problemas económicos, comentó cómo movió su piano al área de prosperidad, luego se sentó ahí una vez al día tocando y cantando "dinero, dinero, dinero". Dos semanas después, consiguió un empleo, después de estar desempleada ocho meses.

¿Qué más debería evitar en el área de prosperidad de una sala?

La tradición advierte no colocar ahí un hervidor eléctrico o una cafetera. El vapor debilita la energía de dinero.

He oído que las chimeneas pueden causar problemas. ¿Cuál es el remedio?

Una chimenea en una habitación origina un escape de energía en este punto real del ba-gua. Un espejo sobre la repisa de la chimenea es un común remedio.

¿Dónde debería colocar el televisor para aumentar la energía armoniosa?

Un televisor agita la energía vital qi en una habitación dondequiera que sea colocado. Decida qué situación de vida del ba-gua le gustaría activar, y ponga el aparato en ese sitio. Por ejemplo, si es un estudiante que se ha inscrito para trabajar por horas en comerciales de televisión, podría mantener su televisor en la posición de la fama del ba-gua —el centro de la pared opuesta a la puerta principal de la sala—.

Comedores

¿Cuáles son las formas favorables para mesas de comedor y otras mesas en general?

Las mesas redondas, ovaladas y octagonales (estas últimas conocidas en Oriente como mesas de los "ocho inmortales") estimulan la armonía. No es casualidad que tensas reuniones políticas a menudo se realicen en una mesa redonda u ovalada, para reducir la fricción.

Cuando sea posible, use pequeñas mesas redondas u ovaladas para recepciones de bodas. El rey Arturo seguramente sabía lo que hacía cuando sentaba a sus caballeros en una mesa redonda.

¿Qué formas de mesa debería evitar?

Las mesas rectangulares crean mal feng shui, ya que aumentan el conflicto —entre más largos sean los lados, mayor es el conflicto—. No es extraño que los invitados a bodas discutan después de horas sentados en mesas de este tipo. Las de seis lados también son feng shui malo, especialmente cuando tienen esquinas ligeramente redondeadas.

¿El número de comensales afecta la armonía de la mesa?

Sí. Dos a cuatro personas es un número armonioso. Si tres personas —los padres y un hijo— siempre comen en una mesa cuadrada, podrían originar problemas. Por ejemplo, uno de los padres y el hijo pueden tender a estar en contra del miembro de la familia restante.

¿Una araña de luces es feng shui bueno?

Sí, porque combina cristales y luces.

¿Por qué es buena idea tener un espejo en el comedor?

Un espejo adiciona prosperidad, en especial cuando es colocado para "duplicar" la comida y reflejar imágenes de abundancia. Asegúrese de que el espejo no refleje la puerta de algún sanitario cercano.

¿Por qué son peligrosas las vigas expuestas sobre los comedores?

Las vigas expuestas siempre son mal feng shui porque comprimen la energía vital qi. Si puede, baje el techo para cubrirlas. También puede colgar una cura celeste tal como una borla roja, una flauta o un cristal.

En un comedor, evite colocar la mesa debajo de vigas, pues causan estrés y riñas. Con una mesa rectangular, ubique la mesa paralela a las vigas, en lugar de dejar que una de ellas "corte" en dos la mesa. Encienda todas las arañas de luces cercanas.

Cuartos de los niños

¿Cuál es el sitio más indicado para el cuarto del bebé?

El sentido común dice que debe estar cerca a la habitación de los padres, y el feng shui sugiere que las dos habitaciones se ubiquen en la parte trasera de la casa. Los problemas mundanos se introducen menos en el sueño.

¿Cuál es el mejor sitio para la cuna del bebé?

En el punto de los niños del ba-gua —a medio camino de la pared que está a la derecha de la puerta del cuarto de los niños—. Sin embargo, use su sentido común. Si la puerta está en el extremo de la pared en la posición de personas serviciales, la cuna puede estar muy cerca a la puerta. En este caso, muévala más lejos de

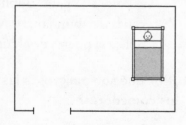

la puerta, con una pared sólida en lugar de ventanas (que debilitan) detrás de la cabecera de la cuna.

Un armario pesado ya está en la posición de los niños del ba-gua . . .

Es buen feng shui poner un objeto amarillo o blanco en esta posición —tal vez una lámpara o un juguete—.

¿Tiene consejos para aumentar la armonía familiar al amueblar el cuarto del bebé?

El cuarto debe tener el qi de la madre y el bebé, y una armoniosa mezcla de la energía de toda la familia.

Todos los miembros del hogar pueden ayudar a decorar el cuarto. Tal vez papá podría hacer una caja de juguetes, mientras los hermanos pintan un cuadro de pared o escogen colores nuevos para la habitación.

Esto también ayuda a los niños mayores a aceptar el nuevo bebé en la familia más fácilmente.

Necesito temas de decoración con feng shui bueno para el cuarto de los niños.

¿Por qué no utiliza en la decoración de la habitación los encantos de buena suerte de luz del día (yang) o luz de Luna (yin)? Vea la lista en el capítulo 16.

Use su imaginación. Si su bebé nace en un año del conejo, los encantos de buena suerte oficiales son un gato y un barco. El cuarto podría tener motivos de este tipo. Alguien en la familia podría dibujar una barca, remada por un conejo y un gato, como cuadro de pared.

A medida que su niño conejo crece, podría fácilmente convertir la cama en la base de un barco. Use una sábana o un mosquitero como vela.

Estudios

¿Cuál es la ubicación más favorable para un estudio?

Use el sentido común. Si está preocupado porque sus hijos no estudian lo suficiente, ubique el estudio junto a la puerta principal. Esto ayuda a mantener el estudio en sus mentes. En el caso contrario, deje esta habitación lejos de la puerta principal.

¿Dónde debería colocar un escritorio de estudiante en una alcoba?

Ubíquelo de tal forma que el ocupante mire a la puerta, pero lo más lejos posible de ella, preferiblemente en línea diagonal. Esto constituye un escritorio de poder del dragón.

Mi escritorio está fijo contra una pared, y no puedo ver la puerta. ¿Qué hago ahora?

Cuelgue un espejo sobre la pared para que pueda ver la puerta. Podría mejorar el feng shui hasta cierto punto, manteniendo un pequeño espejo redondo en el cajón de su escritorio. Coloque también una planta verde o un pisapapeles de cristal en el escritorio.

Yo estudio en la mesa de la cocina y a veces en la del comedor. ¿Esto importa?

Sí. Es mejor trabajar en un sólo lugar, ya que el qi de estudio luego se acumula en este sitio —una atmósfera de estudio hace más fácil la concentración—. Para mejorar la creatividad y el flujo, adicione a su estudio un grabado o pintura de un paisaje con agua. El tema de una "rueda de agua" es un feng shui ideal aquí. Un globo terráqueo en el área de sabiduría del ba-gua en un estudio o alcoba, es otro recurso del feng shui usado con frecuencia para ayudar a estudiantes.

No puedo estudiar en mi casa. ¿Qué puedo hacer?

Vaya a la biblioteca más cercana, ya que este lugar posee qi o energía de estudio. Además, no estará tan tentado a ir una y otra vez por café o hacer llamadas telefónicas y charlar.

Pronto tendré exámenes, y serán en un edificio que nunca he visitado. ¿Algunos consejos de éxito?

Si está nervioso, visite el edificio donde se realizarán los exámenes al menos una semana antes. El antiguo arte chino de la colocación dice que contemplar un lugar desconocido crea tensión. Se sentirá más relajado en su segunda visita, el día del examen.

Cuarto de pasatiempos

¿Por qué un cuarto de pasatiempos es buen feng shui?

Su hobby le trae placer, así que un cuarto de pasatiempos adiciona energía armoniosa a la familia. La única excepción es un hobby relacionado con violencia, por ejemplo juegos de guerra, coleccionar pistolas antiguas o cuchillos de caza. Exponer cualquier clase de instrumentos de guerra crea muy mal feng shui. Si los tiene, guárdelos en un cuarto al fondo de la casa.

¿Dónde debe ubicarse un cuarto de pasatiempos?

La mayoría de estos cuartos adicionan energía armoniosa y carácter a una casa y también agradan a los visitantes. ¿Por qué no ubicarlos prominentemente? Entre más cerca de la puerta principal esté el cuarto de pasatiempos, más importancia tendrá el hobby en su vida.

Habitaciones de cuidado

¿Qué clase de feng shui crean los cuartos de juegos?

Los cuartos de juegos se ubican mejor en el fondo de la casa. Por ejemplo, un cuarto de billar al lado de la puerta principal, gradualmente cambiará la atmósfera de la casa y hará que los residentes desperdicien tiempo.

Sin embargo, un cuarto de juegos para niños es feng shui bueno si está localizado a una distancia razonable de la puerta principal.

¿Por qué es peligroso un trastero?

Un trastero en su casa produce un muy mal feng shui. Y si está junto a la puerta principal es peor, ya que cansa a los residentes y les degrada su salud y bienestar. Cada vez que alguien entra o sale, inconscientemente piensa en trastos viejos, y el efecto general es negativo.

Si tiene un trastero, utilice unos fines de semana para limpiar ese revoltijo de objetos. Regale lo que ya no le interese. Tan pronto como haya vaciado la habitación, sentirá una explosión de energía estimulante y el espíritu elevado.

Convierta su trastero en una habitación para disfrutar música, la televisión, el estudio o pasatiempos.

¿Por qué debería darle un nuevo nombre al cuarto de trastos?

Los trastos crean desorden e inconformidad, y el feng shui dice que "semejante atrae a semejante". Llámelo solana, cuarto de diversión, cuarto de estudio u otro nombre que le guste.

Mi abuelita dice que una habitación sin usar se enfada. ¿Es esto similar a feng shui malo?

Sí. El feng shui dice que las habitaciones sin usar desarrollan mala energía y atraen desventuras. Esto equivale a lo mismo. Piense en un nuevo uso para la habitación.

Capítulo Ocho

Transforme la energía de su apartamento

mejore la suerte mientras vive en arriendo

¿Qué influencias favorables debería buscar en un edificio de apartamentos?

Aplique las pautas de ubicación y diseño presentadas en los capítulos 4 y 5. Por ejemplo, lo mejor es que el edificio tenga casi la misma altura que los vecinos, en lugar de dominar el panorama o ser achicado por otras edificaciones.

Observe si el sitio mira hacia agua en movimiento, está a medio camino de una colina de poca pendiente, o armoniza con sus alrededores. Examine el vecindario e influencias externas —todos los factores usuales—.

Mire que un edificio cercano no esté ubicado en un ángulo cruzado con el suyo, con un borde puntiagudo emitiéndole "flechas venenosas" o mala energía. No viva en un edificio que esté frente a un cruce en T o Y. Recuerde, si su apartamento se encuentra ubicado al final de un pasillo largo y angosto, estará "mirando hacia el interior de la boca del dragón". Aplique una cura celeste, tal como una planta, cerca a la puerta.

¿Debería considerar la forma total del edificio, además de mi vivienda en particular?

Sí. Es mejor que su edificio esté en un área de forma regular y equilibrada, como un cuadrado, círculo, rectángulo o una mezcla de éstos.

¿Qué formas de edificios altos debería evitar?

Tenga cuidado de edificios con terrazas triangulares. Los que tienen forma de L o T, o si "faltan" secciones en ellos, originan problemas de feng shui.

Los chinos también evitan los edificios en forma de H, porque atraen tiempos difíciles a sus ocupantes. En uno en forma de L o "hacha de combate", tendrá mejor suerte viviendo en un apartamento localizado en el área del mango controlador, en lugar de la más grande sección de la "hoja", mostrada más oscura en la ilustración.

¿Qué sucede con los balcones curvados en un bloque de apartamentos?

Atraen feng shui bueno, y ayudan a armonizar muchos problemas.

¿Se aplica en la ciudad la antigua tradición de la posición del dragón verde, el tigre blanco, la tortuga negra y el pájaro rojo?

Sí. En lo posible, escoja un bloque de apartamentos con una clara perspectiva o un parque, jardines o un edificio mucho más bajo en frente. Esto da espacio para que vuele el espíritu del pájaro rojo del feng shui. Edificios más altos atrás brindan la posición simbólica de la tortuga negra, con su fuerte caparazón. Para agradar al dragón verde, los edificios a su izquierda, mirando afuera desde la entrada, deberían ser más bajos que las edificaciones atrás. Para atraer las influencias del tigre blanco, los edificios a su derecha (mientras mira afuera desde la entrada) deben ser más bajos que los ubicados a su izquierda.

Para recordarla fácilmente, piense que esta distribución es una "herradura de la suerte" que abraza el edificio donde usted vive.

¿Cómo me afectan los edificios más altos cerca a mi apartamento?

Los edificios más altos deben estar atrás para su protección. Evite vivir en una construcción más pequeña apretujada entre dos edificios más altos.

El feng shui compara esta situación con un niño situado entre dos personas mayores que lo indisponen —las edificaciones más altas absorben la energía—.

¿Está bien pagar más por vistas de agua en frente?

Sí, esto lo ayuda a prosperar. Donde sea posible, cuelgue un espejo para reflejar las vistas de agua adentro. Las fuentes o estanques artificiales frente a su edificio también son magníficos, pero el agua detrás de su vivienda no es tan favorable. Agua atrás significa que usted puede ver oportunidades, pero no puede beneficiarse de ellas.

¿Las entradas comunes del edificio de apartamentos donde vivo afectarán mi riqueza, energía y bienestar?

Sí, examínelas. La calzada de acceso ideal para atraer dinero es ancha, en curva y semicircular o circular. Una entrada al edificio bien iluminada y espaciosa, con escaleras o ascensores, no inmediatamente visible sino escondida al lado u otra parte, atrae buen feng shui.

¿Las columnas o pilares con bordes agudos dentro del área de entrada común, originan "flechas venenosas" o sha qi?

Sí, todas las columnas con bordes agudos emiten mala energía, a menos que sean revestidas con espejos o parcialmente cubiertas con plantas verdes rastreras de macetas. De otra manera, ayuda en cierto grado poner plantas de hoja perenne cerca al borde agudo.

El edificio de apartamentos donde vivimos —no mi apartamento en particular— carece de puerta trasera. ¿Causa esto un bloqueo de energía?

Sí. Un edificio de apartamentos sin puerta trasera es como un cuerpo sin salida. Observe si la administración del edificio cuelga un espejo sobre una pared donde concebiblemente podría estar una puerta trasera, para formar una salida de energía artificial.

¿Tiene algún efecto que mi apartamento se encuentre frente a una escalera o a un ascensor?

Sí. Su vivienda será penetrada por exceso de energía. Cuelgue un espejo sobre una pared interior para reflejar el exceso de energía hacia fuera.

¿De qué otros tipos de "flechas venenosas" debe cuidarse el ocupante de un apartamento?

Un apartamento con la puerta en frente a otro, necesitará remediar el problema con la misma cura de la pregunta anterior, un espejo. Otra opción es colocar una planta verde resistente afuera de la puerta.

Una vista de torres eléctricas desde la ventana, puentes o los bordes agudos de una autopista cercana, también es considerada mal feng shui. Tape la vista o adicione una cura celeste. Colocar plantas sobre las ventanas a menudo ayuda.

¿Qué efecto tiene la vista de una grande y humeante chimenea?

Muchas culturas asiáticas consideran que la vista de dos humeantes cañones de chimenea es mal feng shui, debido al vínculo directo con los dos palitos de incienso prendidos en oraciones para los muertos. Una vista de una o tres chimeneas no es tan mala. Las culturas occidentales no tienen en cuenta esa triste asociación. Aquí el feng shui depende más del grado de fealdad y contaminación.

Estoy considerando comprar un edificio con el garaje en el primer piso. ¿Qué efecto tiene en el feng shui?

Un piso bajo vacío es considerado mal feng shui. Los parques de estacionamiento en el sótano son mejores para la prosperidad de los residentes en pisos altos.

Soy joven y soltera, y vivo en un "apartamento de abuelita". ¿Afectará esto mi vida?

Si la afectará, así que no se refiera a su vivienda de esta forma, sino como un estudio, un apartamento a nivel del jardín o algún nombre más apropiado. Recuerdo la carta de una muchacha aturdida porque pocas veces era invitada a citas después de mudarse a un "apartamento de abuelita". Ella lo llamaba de otro nombre, pero aún así no conseguía que la invitaran a salir. Tiempo después se mudó a otro sitio y su vida social cambió.

Una persona cuya propia energía qi es fuerte, puede no sufrir hasta ese punto. Pero siempre es mejor que las influencias cercanas sean positivas.

¿Estaría más feliz comprando en los últimos pisos de un rascacielos o en la parte media?

En la parte media del edificio tendrá una vida más estable. Evite los primeros y últimos pisos, ya que lo exponen a cambios de suerte repentinos.

¿Debo examinar el feng shui de una escalera comunal?

Sí, pero hágalo antes de mudarse, en caso de que las regulaciones prohíban adicionar espejos, luces u otras curas. Una escalera mal situada degrada todo el edificio.

Soy soltera y vivo en un apartamento pequeño. ¿Cómo mejoro las perspectivas para el romance?

Adicione un objeto rojo y blanco, preferiblemente un abanico, flores, velas o algo que sienta conectado con el romance, en la posición del matrimonio/relaciones del ba-gua.

Si comparte un apartamento, puede ser más fácil aplicar un ba-gua en su alcoba y no en la sala.

Capítulo Nueve

Éxito en la oficina y en el lugar de trabajo

en la casa y fuera de ella

Al buscar un lugar de trabajo con buen feng shui, ¿se aplican las anteriores pautas para la casa?

Sí. Tome nota de sus primeras impresiones, la calidad de energía qi en el área, y trate de encontrar un sitio con una altura cercana a los edificios adyacentes. Siga las indicaciones dadas en los capítulos 4 y 5.

De estas pautas, ¿sobresale alguna en particular?

Sí. Examine detalladamente la suerte de vecinos y anteriores residentes del edificio. Si quedaron arruinados o en

119

una situación muy difícil, píenselo dos veces antes de trabajar o ubicar su empresa en este lugar —sin importar qué tan bajo sea el precio de renta o venta—.

¿Vale la pena pagar más por ubicar una tienda en lo que el feng shui llama calle "madre" o principal, en lugar de una calle "hija" o secundaria?

Por lo general vale la pena, en especial si usted va a vender artículos básicos.

¿Puede el feng shui en mi lugar de trabajo ayudarme a obtener un ascenso o aumento de sueldo?

¡Ya lo creo! El talento sólo es una parte de lo requerido para tener éxito. El conocimiento del feng shui le da una ventaja real en su profesión.

¿Qué es una oficina o sitio de trabajo en la boca del dragón?

Trabajar en un lugar que se encuentra al final de un pasillo largo y angosto, significa que usted está "mirando hacia la boca del dragón". Energía qi demasiado fuerte fluye rápidamente por el pasillo, haciendo que los ocupantes se cansen y discutan.

¿Puedo arreglar una oficina en la boca del dragón?

En Hong Kong, o lugares donde son conocidos los principios del feng shui, la puerta de una oficina como esta sería movida para evitar atraer mala energía. Sin embargo, si cubre la puerta, puede desviar la energía negativa. Colgar un juego de campanas o tubos sonoros en la entrada, o colocar plantas de hoja perenne, son otros remedios disponibles.

¿Cuál es el escritorio de poder del dragón?

El poder del dragón en la oficina fluye de la misma forma que en su casa. El sitio más poderoso para su escritorio está diagonalmente a la puerta, de tal forma que pueda ver la entrada. Si la oficina tiene varias puertas, la mejor posición es la que ofrece la vista más dominante de todas las entradas, ubicándolo lo más lejos posible de las puertas.

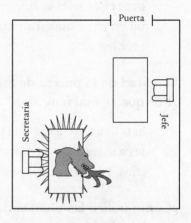

Un escritorio colocado en esta posición se convierte en un escritorio del dragón, dándole a usted poder adicional. Observe en la ilustración cómo la secretaria ocupa el escritorio de poder del dragón —el jefe gradualmente perderá autoridad sentado tan cerca de la puerta—.

¿Cuál es la posición de poder más débil para un escritorio o estación de trabajo?

Sentado de espaldas a la puerta o puertas, cerca a ellas.

Me siento incómodo. ¡Mi jefe se encuentra sentado frente a mí! ¿Cómo puedo mejorar la atmósfera?

Esta situación puede perturbar el campo de energía qi del empleado. Armonice la atmósfera poniendo un tazón de agua redondo sobre su escritorio, entre usted y el jefe.

Para ser discreto, podría adicionar flores al tazón, pero el agua es lo que cuenta. Un pisapapeles de cristal en el mismo sitio también ayuda a solucionar su problema.

La mitad de la puerta de mi oficina es de vidrio. ¿Por qué es mal feng shui?

Si trabaja detrás de una puerta de este tipo, los visitantes a menudo lo ven primero antes que usted los vea a ellos. Por esta razón perderá poder.

¿Cómo utilizo las plumas de gallo para tener éxito en mi profesión?

Una pluma de gallo puesta en el cajón de su escritorio le dará un impulso a su profesión. Esto se debe a que el gallo es un líder natural, y sus plumas irradian ese mismo poder mágico. Los gallos también son honrados en muchas culturas porque su canto anuncia la luz de la mañana y entendimiento, después de la oscuridad nocturna.

Odio mi trabajo, pero el salario es bueno. ¿Esto afecta mi energía qi personal?

Realizar un trabajo que odia es un terrible feng shui, pues drena su energía qi personal y lo mantiene en un estado de discordia. Debe trabajar en algo que le guste. Incluso si el salario es malo en principio, su salud y qi personal lo beneficiarán, y pronto encontrará formas de aumentar su ingreso. Tenga valor y renuncie a ese odioso empleo.

Haga el esfuerzo diario de encontrar un trabajo que le atraiga. Una llamada telefónica será suficiente.

¿Cómo afectan los computadores la energía de una habitación?

Sorprendentemente, los computadores aumentan la energía de una habitación. Pero si usted trabaja en una gran sala atestada de estos aparatos, el efecto puede ser abrumador.

¿Qué remedios buenos hay para una sala llena de computadores?

Si puede persuadir al jefe para que adicione una fuente pequeñita a la sala, todos se sentirán revitalizados y estimulados. Un pisapapeles de cristal sobre su escritorio también ayudaría. Y recuerde que una planta de hoja perenne (como una planta de cinta) cerca a su computador, sirve para remover "esmog electrónico".

¿Por qué los fax, computadores y otros electrónicos trabajan mal o se descomponen cerca de mí?

El feng shui dice que no hay coincidencias —todos los eventos están conectados—. Esto indica un fuerte trastorno de la energía vital qi. Pregúntese a sí mismo, ¿realmente le gusta su trabajo o está en el sitio equivocado? ¿Alguien con quien trabaja lo perturba emocionalmente de algún modo? ¿Está escondiendo dicha realidad de sí mismo?

¿Por qué una puerta giratoria es buen feng shui?

El movimiento rotativo crea un flujo de energía armonioso y relajante. Un ventilador de techo es buen feng shui por la misma razón.

En mi trabajo nadie puede cambiar las posiciones de escritorios o muebles. ¿Puedo mejorar el feng shui?

Sí. Cuelgue un espejo sobre la pared que refleje la puerta principal, o mantenga un pequeño espejo redondo en el cajón de su escritorio.

Tengo una mala relación con mi compañero de oficina. ¿Qué forma armoniosa hay para ubicar los escritorios?

La posición del escritorio conocida como "ba-gua parcial" (ver ilustración), crea máxima armonía. También es buena idea mantener un tazón de agua redondo, con o sin flores, sobre un escritorio, y una planta de hojas redondeadas entre los dos.

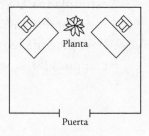

El ascenso me es esquivo. ¿Puedo secretamente aumentar mi probabilidad de éxito?

Con discreción levante su escritorio un poco más arriba que los otros en el lugar de trabajo. (Tal vez deba traer de casa unas pequeñas cuñas). Igualmente, levante su silla. Esto será fácil con una silla ajustable.

Estoy tratando de decidir entre dos trabajos. ¿Puede el feng shui ayudarme?

Por unos minutos camine por los vestíbulos, escaleras y pasillos de cada edificación. Perciba la atmósfera de las empresas. Puede ser acogedora, agitada, mal ventilada, fría, formal, o emanar algo difícil de explicar. Se sentirá más a gusto en un lugar. Escoja el sitio que le dé una mayor sensación de armonía personal.

Me estoy pasando a una oficina de mala suerte; un anterior ocupante fue despedido y otro degradado . . .

Esto es mal feng shui. Es mejor evitarlo, pero si debe hacerlo, tenga un cuidado extra con todo lo que hace. Adicione una cura celeste a su oficina —una planta de hoja perenne, un pisapapeles de cristal, una lámpara de escritorio o un tazón con peces de colores—.

Mi oficina está ubicada cerca a los ascensores. ¿Esto afecta mi feng shui?

La ubicación de un escritorio cerca a ascensores o escaleras móviles y fijas, es mal feng shui. Si puede, ponga una mampara cerca a su escritorio para no mirar tales elementos. También adicione plantas de

hoja perenne, o coloque un espejo de pared que refleje la energía de la escalera o el ascensor.

**Necesito un estímulo en el trabajo. ¿Hay encantos
de buena suerte que me ayuden?**

Sí. Busque sus tres encantos de buena suerte del feng
shui cósmicamente correctos, presentados en el capítulo 16. Podría mantener en el cajón del escritorio su
signo zodiacal chino y encantos yang o de luz del día
y yin o de luz de Luna, o llevarlos puestos. Por ejemplo, si usted es un cerdo en el zodiaco, y tiene trabajo
diurno, ponga un pisapapeles de un cisne (su encanto yang o de luz del día) sobre su escritorio.

Una joven que conozco, quien es perro en el zodiaco
chino, trabaja en un parque de estacionamiento toda la
noche. Ella ha pegado mariposas de cristal con los colores del arco iris (su encanto yin de luz de Luna) sobre la
ventana frontal de su cubículo de vidrio. Los conductores dicen que la centelleante colección de mariposas los
anima cuando pasan. Lo mejor de todo es que estos
conductores le dan el doble de la propina que reciben
otros trabajadores del parqueadero. "Los demás me preguntan cuál es mi secreto", dijo ella riendo.

**Necesito pinturas o grabados para alegrar mi espacio
de trabajo. ¿Qué temas son buen feng shui para una
oficina que brinda asistencia financiera?**

Para bancos, oficinas financieras o cualquier lugar que
maneje dinero, escoja pinturas o trabajos de arte que
tengan vistas de agua. Lagos, ríos o marinas son ideales.

¿Qué tema deberían expresar las pinturas en sitios de educación?

Paisajes en colores suaves son apropiados aquí.

¿Qué tema deberían expresar las pinturas en oficinas del estado?

La tradición dice que el buen feng shui se logra con pinturas de colores vivos que muestren ninfeas, peonías u otras plantas con grandes flores.

Soy una mujer policía con su propia oficina en una comisaría de la ciudad . . .

Grabados en blanco y negro son feng shui bueno para estaciones de policía u oficinas militares. El tono de este arte puede ser serio o alegre.

¿Qué feng shui es bueno para paredes en oficinas de medios de comunicación?

Pinturas o fotografías que muestren personas, personas y personas.

Estoy empezando mi propio despacho de abogado . . .

Las aves son un buen feng shui para sus paredes —pero evite aves de rapiña tales como buitres y cuervos—.

Me preocupa que roben mi empresa. ¿Algún consejo?

Para protección, cuelgue dos flautas en el interior de la entrada, formando una V invertida. Átelas con cintas rojas y mantenga las boquillas hacia abajo.

¿Cómo puedo usar el feng shui para aumentar mis ganancias?

Cuelgue un espejo detrás de la caja registradora para aumentar la energía de dinero.

Al esperar una entrevista de trabajo, ¿por qué debo evitar sentarme debajo de una luz que se asemeje a un racimo de cinco uvas?

Dicha luz se relaciona con la palabra "no", y arruinará sus posibilidades antes de empezar.

¿Por qué tal luz es conocida como "luz del susto"?

Si se sienta debajo de una luz de mala suerte como esta, durante la reunión de negocios, todos despreciarán sus ideas.

¿Qué efecto tiene una flecha que apunta hacia abajo sobre el letrero de mi tienda?

Si debe poner una flecha (y es mejor que no la necesite), apúntela hacia arriba. A los chinos no les gusta hacer negocios donde es expuesta una señal como esta.

Para el empresario

¿Cuál es el tamaño propicio para un letrero o cartelera?

Un letrero de buena suerte es más ancho que alto. Uno cuadrado no es feng shui bueno. Use tres o cinco colores, no dos o cuatro.

¿Qué posición de escritorio envía cuesta abajo a la empresa y hace que el jefe sea visto sin respeto?

Un jefe que esté ubicado cerca a la puerta, perderá estatus y el respeto del personal. Debe tener una pared sólida detrás de usted, no ventanas que debilitan.

¿Qué posiciones del escritorio incitan a los empleados a estar pendientes del reloj?

Los empleados que se encuentren cerca a la puerta tendrán esa costumbre, preocupados por asuntos diferentes al trabajo.

¿Tiene algún efecto una columna grande frente a la puerta de mi tienda?

Si tiene borde agudo, la columna emitirá mala energía, reduciendo la prosperidad. Coloque una planta verde en frente del borde agudo, o ate un pequeño espejo redondo encima del marco de la puerta para desviar el sha qi o flechas venenosas. Reflejar los lados de una columna con borde agudo es una solución oriental, pero esto puede no ser posible.

¿Cómo debo colocar las vitrinas en forma de L?

Asegúrese de que la aguda sección media de la L no apunte hacia la entrada de la tienda. Las "flechas venenosas" ahuyentan a los clientes.

Estoy creando una sala de juntas. ¿Algún consejo?

Limite a dos el número de puertas, si quiere reducir las discusiones del personal y promover armonía. Múltiples puertas se asemejan a bocas propensas a discutir.

La oficina en casa

¿En qué lugar de la casa debería ubicar mi oficina?

Eso depende de la posición que desea que tome la empresa en su vida. Si su familia se queja de que usted es un trabajador obsesivo, ubique su oficina en el fondo de la casa. Esto reducirá la importancia de ella en su mente. Si pone su oficina junto a la puerta principal, asumirá un papel más grande en su vida.

Si ve clientes en casa, una entrada extra es buena y se ve más profesional.

¿Cómo puedo aumentar el éxito en mi profesión?

La belleza en su sitio de trabajo lo inspirará y estimulará. Incluso si no ve clientes en casa, gaste un poco de dinero creando una atmósfera atractiva y acogedora, con colores, agradable iluminación, plantas verdes y grabados. Ubíquese en la posición del escritorio del dragón, con una pared sólida detrás de usted.

Si es posible, use sus encantos de buena suerte del feng shui en alguna parte de la decoración. Ocupar una oficina desordenada drenará sutilmente su energía qi personal.

Capítulo Diez

Los cuatro espíritus protectores

armonía durante renovaciones

¿Cuáles son los cuatro espíritus protectores?

El feng shui dice que cuatro espíritus guardianes rodean la casa. Cuando usted se para mirando hacia fuera en la entrada, el tigre blanco merodea a su derecha, el dragón verde o azul deambula a su izquierda, la tortuga negra se encuentra atrás, y el pájaro rojo o fénix vuela en frente.

¿Qué entorno configura una localización perfecta para los espíritus de la casa?

El modelo ideal de los cuatro espíritus de la casa le da una forma fácil de encontrar un sitio con buen feng shui. Una localización de buena suerte tiene una colina, montaña o edificio más alto atrás, simbolizada por el espíritu de la tortuga negra con su fuerte caparazón protector. El dragón verde debería estar más abajo que la tortuga negra, al lado izquierdo.

Esto significa que un sitio favorable debe tener una colina o edificio ligeramente más bajo al lado izquierdo. El tigre blanco debería estar un poco más abajo que el dragón, al lado derecho, significando que el edificio o colina a la derecha debe ser más bajo que el lado izquierdo. Frente a la casa debe haber una gran área plana que dé espacio para que vuele el pájaro rojo o fénix.

¿Cómo se desequilibran los espíritus protectores?

En una casa de forma regular, tal como una vivienda cuadrada ubicada centralmente en un jardín, los cuatro animales están balanceados. Esto hace que se armonicen las energías yin (pasiva o femenina) y yang (activa o masculina).

En el caso de una casa irregular, por ejemplo en forma de T o L, los espíritus se desequilibran. Uno se hace más fuerte que los otros, que no pueden controlarlo. Esto origina contratiempos y riñas en los residentes de la casa.

Ampliamos nuestra casa en un lado. ¿Cómo desata esto la furia del tigre blanco?

¡El pensamiento fantasioso de un constructor de mal genio fue su único problema!

Las ampliaciones en forma de L causan toda clase de problemas. Una ampliación en el lado derecho perturba al tigre blanco y lo hace demasiado poderoso para ser controlado por el dragón verde del lado izquierdo. El espíritu del tigre blanco merodea su casa y jardín, causando problemas.

Entonces, ¿cuáles son los remedios?

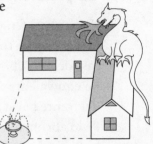

Coloque una fuente, lámpara de jardín, estatua o árbol de hoja perenne en el lado de su casa opuesto a la ampliación. Esto adiciona energía y poder al espíritu de la casa que gobierna ese lado, y reequilibra la situación.

¿Y los problemas de una ampliación al lado izquierdo?

Esta ampliación desbalancea al dragón verde, que a su vez vaga por su casa y jardín causando problemas. Reequilibre la energía poniendo una fuente, lámpara de jardín, estatua o árbol de hoja perenne frente a la ampliación, para restaurar la fuerza del tigre blanco. Ahora ve por qué los antiguos chinos preferían casas simétricas.

¿Qué sucede si el patio frontal es más grande que el trasero?

Esto es un feng shui muy malo. Los ocupantes de este tipo de casas pueden encontrar que los amigos los abandonen en tiempos difíciles, además de ignorar buenas oportunidades. Como remedio, ponga un árbol de magnolia, jazmín, níspero del Japón, kumquat o bambú (en maceta) en alguna parte del jardín frontal, para aumentar la energía qi favorable. Las cosas pronto mejorarán.

Mi casa está casi sobre la calle. (¡Apuesto que los espíritus protectores odian esto!). ¿Cuál es la cura?

Esto es mal feng shui —ahora puede ver que el espíritu del pájaro rojo no tiene espacio para volar—. Su casa debería ubicarse al menos a una distancia de la calle equivalente a la mitad de la longitud de su casa del frente hacia atrás. Si no es así, la energía de la calle lo abrumará, y la vida será una lucha.

Ponga lámparas a cada lado de la puerta principal o adicione una en el de jardín, preferiblemente redonda o curvada, entre la vía y la puerta. Esto compensa al pájaro rojo. Una veleta sobre su techo —representando una criatura de buen agüero como un gallo, paloma, pájaro rojo o fénix— es otra cura celeste para esta situación.

¿Qué hace feliz al espíritu de la tortuga negra?

Un jardín trasero más grande y alto que el frontal agrada a la tortuga negra. En términos del feng shui, la tortuga negra siempre debería estar más alta que el pájaro rojo o fénix, el espíritu que protege el frente de la casa.

¿Tiene algún efecto que mi jardín sea más ancho que largo?

Esta forma implica que los residentes pueden sufrir problemas respiratorios y volverse inestables psicológicamente. Equilibre con un árbol de pera, cereza o camelia en su jardín frontal, o un durazno en el trasero.

Nuestro solar tiene forma de cuña, más ancho en el fondo. ¿Cómo influencia esto a los espíritus de la casa y a nosotros mismos?

Los residentes disfrutarán riqueza y oportunidades inesperadas si el jardín se ensancha cerca a la parte trasera de la casa, porque la energía se enfoca en el área que soporta la vivienda.

Nuestro jardín trasero es más bajo que el frontal. ¿Qué efecto tiene?

Esto significa que el espíritu de la tortuga negra, que debería ocupar el punto más alto en la parte trasera de su casa, está desbalanceado y no le ofrece protección. La vida en esta casa será inestable, a menos que adicione energía armoniosa al área trasera, con una luz de jardín en las noches. Considere sembrar tres árboles grandes en la parte trasera de la vivienda. Podría también rellenar esta área para elevarla, pero puede resultar costoso.

El estrés de las renovaciones a menudo termina en divorcio. ¿Hay sugerencias para estimular la armonía?

Cuando usted vive durante meses en una casa donde las paredes están siendo desgarradas y ocurren cambios drásticos, se encuentra expuesto a energía qi destructiva. Esto puede deprimir el campo de energía personal de todos los residentes de la casa.

Para reequilibrar, dediquen tiempo semanalmente para estar juntos lejos del centro del problema. Salgan de merienda en un parque antiguo, o disfruten una cena formal en un restaurante tradicional lleno de vieja energía. Evite lugares nuevos de moda, con el olor de la pintura en el aire.

Capítulo Once

Encantamiento del paisaje

árboles, flores, caminos y entradas

¿Cómo afectan mi energía y el feng shui los árboles grandes cerca a mi casa, lugar de trabajo o apartamento?

Igual que las personas, los árboles pueden estar en el lugar equivocado en el momento equivocado. En el sitio correcto, aumentan la energía vital qi y armonizan la atmósfera. En el sitio incorrecto, por ejemplo frente a la puerta principal, un árbol emite excesiva energía yin que entra rápidamente a su casa, originando toda clase de contratiempos, a menos que sean remediados como se indica en el capítulo 4.

Quite vides enredadas en los árboles, ya que indican problemas que conducen a líos legales o procesos jurídicos. Tres ramas que se apartan de la casa, a menudo indican energía qi débil o feng shui malo en la vivienda. Árboles en forma de Y en el jardín del frente sugieren conflicto entre los hombres de la familia. Árboles en forma de V indican conflictos menos graves.

¿Por qué es buen feng shui una arboleda de tres, seis o nueve árboles detrás de una casa? ¿Qué clase de árbol es mejor?

Tales árboles simbolizan la montaña o colina protectora, o el espíritu de la tortuga negra encontrado detrás del sitio de la casa ideal según el feng shui.

Cuando estos árboles crecen, protegen el bienestar de los residentes de la casa e impiden que ésta reciba sha qi o mala energía. Tradicionalmente, el pino y los tejos son excelentes árboles de feng shui. Pero en esta posición, ningún árbol causa daño, a excepción de los sauces, que deberían estar bien lejos de las casas.

¿Es buena energía un árbol grande frente a la ventana de nuestra sala de estar?

Si el árbol irradia belleza, entonces es bueno. Pero haga algo si irradia tristeza o bloquea una encantadora vista. Además, si la luz del Sol —energía yang o activa— brilla a través de las hojas, neutraliza el exceso de energía yin del árbol. Si no se filtra la energía solar, cuelgue un pequeño espejo encima del marco de la ventana para desviar la energía problema.

¿Cuáles árboles emiten energía armoniosa como grupo y son por tradición llamados los "tres amigos del invierno"?

El pino, el ciruelo y el bambú. Los tres atraen feng shui bueno a su jardín, y ganan una mención especial en el famoso jardín chino de Darling Harbor en Sydney, Australia. Los pinos simbolizan larga vida y emiten un qi fuerte y revitalizante, útil para minusválidos o cualquiera que se sienta deprimido. Relájese bajo uno de ellos una tarde, si necesita un estímulo. El bambú proyecta sombras danzantes que dan belleza y elegancia a su jardín —póngalo en una maceta grande, ya que se extiende rápidamente—. Las hermosas flores del ciruelo lo animan mientras anuncian el fin del invierno.

¿Los tocones de árboles en una propiedad indican feng shui bueno o malo?

Un tocón de árbol no es buen feng shui. Cultive hiedra o vides cerca a la base del tocón y oriéntelas hasta la parte superior. Esto previene problemas de huesos y dientes en los residentes cercanos. Y tenga cuidado si ve tocones podridos bajo tierra.

¿Está bien dejar un árbol muerto en el jardín?

No. Deshágase de él, o atraerá feng shui malo.

¿Es de mala suerte una roca grande que sobresale en el jardín?

Sí. Sumerja la roca a mayor profundidad en el suelo, o acumule tierra alrededor de ella. Luego ponga cerca dos rocas de tamaño medio.

Riegue yogur sobre las rocas para estimular el crecimiento de plantas pequeñitas como los musgos.

¿Cuándo crean buen feng shui los jardines rocosos y caminos sinuosos?

Si una piscina ocupa la mayor parte del área de su jardín, el exceso de energía yin puede abrumar la casa. Crear jardines rocosos reequilibra con energía yang. Los caminos sinuosos aumentan la armonía general.

¿Por qué es mal feng shui tener un jardín con flores completamente blancas?

Las flores blancas simbolizan muerte y luto. Adicione flores multicolores para reequilibrar el jardín.

¿Cuáles flores combinan cualidades yin y yang?

La begonia y el viburno poseen esta rara característica.

¿Cuáles son las flores especiales de buena suerte?

Las peonías, crisantemos, flores de ciruelo, magnolias y narcisos.

¿Qué tipo de jardín atrae más paz y armonía?

Un jardín con líneas curvas suaves que imiten la naturaleza. Adicione agua tranquilizante en un estanque, preferiblemente con peces de colores, o una fuente, cascada o baño para pájaros. Si está corto de dinero, incluso un recipiente grande lleno de agua, sobre la superficie, mejora el feng shui.

Asegúrese de que su jardín tenga asientos y mesas que lo inviten a relajarse. Luego cierre los ojos y escuche. Si es necesario, adicione sonidos armoniosos: agua salpicando, insectos zumbando, canto de aves o campanas de viento.

Heredamos un jardín con líneas rectas estilo militar. ¿Podemos hacerlo más armonioso?

Adicione líneas curvas con arcos de jardín, macizos de flores o un estanque redondo o en forma de riñón.

¿Cuál es la mejor posición para la entrada de mi jardín frontal?

El lado izquierdo, o del dragón, de su casa, cuando usted se para en la puerta principal mirando hacia fuera. Si la entrada del jardín está en línea con la puerta principal, un camino sinuoso en medio disminuye la velocidad del flujo de energía qi.

¿Hay peligros al ubicar un sitio de almacenaje?

Sí, las áreas de almacenaje acumulan energía qi estancada; así que no ubique la puerta de esta área frente a la puerta principal. Esto permitiría que energía añeja entre a su casa, dando como resultado riñas y oportunidades ignoradas. Si su cobertizo de almacenaje ya ocupa tal sitio, cierre con llave la puerta y adicione otra o ubíquela donde haya una ventana.

¿Es buen feng shui una casa cubierta de enredaderas?

Una pequeña cantidad de enredaderas o vides en un edificio es feng shui bueno, ya que simboliza la armonización con la naturaleza. Pero una casa *plagada* de enredaderas es feng shui malo, porque entonces la naturaleza domina.

Hay un camino de cemento largo y angosto al lado de mi casa. ¿Cómo podemos mejorar su feng shui?

La energía qi fluye muy rápidamente a lo largo de dicho camino. Adiciónele arcos de jardín cubiertos de vides o flores a intervalos.

Soy una entusiasta jardinera. ¿Puede sugerirme algo del feng shui favorable para mi jardín?

¿Qué tal un jardín de hierbas octagonal o un pabellón de ocho lados? También puede colocar un arbusto en su jardín trasero, podado en forma del espíritu de la tortuga, que protegerá esta área.

¿Cuál es el mejor remedio para los muros altos y descubiertos en un jardín?

Mirar a estos muros atrae problemas de dinero, así que coloque sobre ellos vides o flores de rápido crecimiento. A menudo el jazmín es apropiado. ¿No hay tierra? Utilice plantas en maceta o pídale a un amigo que haga un alegre mural de flores, plantas o una escena de la naturaleza.

¿Cuál es la forma más favorable para un camino en el jardín?

Circular, semicircular o en curva.

¿Es preferible un camino en zigzag que uno recto y largo?

Sí, ya que interrumpe el paso de sha qi o energía problema. Los templos chinos a menudo tienen un camino en zigzag.

¿Qué tipo de entrada hacia el garaje atrae riqueza a una casa?

Una entrada circular es ideal, seguida por una semicircular. Observe cómo frecuentemente las residencias de familias reales o ricas y famosas muestran estas formas. Cambie su entrada si es posible. No necesita ser pavimentada.

¿Qué tipo de entrada hacia el garaje reprime el flujo de dinero?

Una entrada recta y angosta. Entre más larga sea, peor será el resultado.

La entrada de nuestra granja es peculiar. Se hace más angosta cerca a la carretera. ¿Es esto buen feng shui?

Es feng shui malo, porque la entrada más angosta cerca a la carretera reduce el flujo de qi. Cambie la forma o instale dos lámparas en postes cerca a la carretera.

Capítulo Doce

Sabiduría del agua

piscinas, estanques y prosperidad

¿Atraen dinero las vistas de agua cerca a la casa o el lugar de trabajo?

Sí. La vista de un terreno ribereño atrae dinero hacia usted, y es ideal si el agua se mueve suavemente en lugar de estar estancada. Sin embargo, cuando un lago, canal, río, o incluso el océano, yace detrás de su casa, usualmente debilita a los residentes. Usted puede ver oportunidades de hacer dinero, pero sin poder beneficiarse de ellas.

¿Cómo puedo duplicar el beneficio de las vistas hacia el agua?

Cuelgue un espejo donde refleje la vista de agua hacia su casa.

¿Atrae riqueza mi piscina o estanque de jardín?

Sí, siempre y cuando el agua esté limpia. Las piscinas de lados rectos deben ser colocadas correctamente. Las esquinas no deben apuntar hacia la casa (vea la ilustración).

¿Por qué es mal feng shui el agua sucia en piscinas o estanques?

El agua sucia atrae dinero, pero a menudo será obtenido ilícitamente, y al final causará problemas.

¿Cuál es la forma más favorable para una piscina, un estanque o la base de una fuente?

Circular, curva, octagonal o en forma de riñón.

¿Cómo debe curvarse una piscina en forma de riñón para conservar la buena suerte?

La piscina debería curvarse hacia la casa, "abrazándola" como lo muestra la ilustración. (Observe el árbol en forma de Y. Por fortuna, está en la parte trasera de la casa). Una piscina que se encurve hacia el otro lado dejará escapar la suerte.

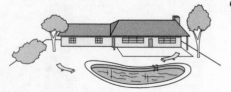

¿Cuándo emite flechas venenosas una piscina de lados rectos?

Cuando el borde de una piscina de ángulos agudos apunta directamente hacia una casa, emite sha qi o energía destructiva. Ponga arbustos de hoja perenne entre el borde agudo y la vivienda, como se muestra en la ilustración.

Coloque plantas en maceta si el área está pavimentada. Una fuente entre la piscina y la casa es otro remedio.

¿Es mejor no tener piscina que tener una rectangular?

No, porque los estanques y piscinas cerca a su casa de todos modos atraen prosperidad. Con una cura es fácil arreglar una piscina rectangular.

La piscina ocupa casi toda el área del patio trasero y está muy cerca a la casa. ¿Esto afecta el feng shui?

Sí. Los residentes de la vivienda tenderán a estar abrumados por el qi del agua, y pueden volverse enfermizos. Reequilibre el área instalando un jardín rocoso sobre un pedazo pequeño del terreno y asegúrese de que los caminos sean curvos y sinuosos. Las cubiertas de ventanas que miran a la piscina deben ser amarillas, ya que este es el color del elemento tierra, y ayuda a bloquear el qi del agua.

¿Tiene algún efecto la posición de la piscina?

Sí. Al ver su propiedad como una unidad, la piscina o estanque activa el área correspondiente del ba-gua en la cual se encuentra.

De este modo, una piscina en la esquina izquierda de la parte trasera de su propiedad, activará más el área de prosperidad del ba-gua, mientras que si está ubicada en la esquina derecha mejorará el área del matrimonio/relaciones de su vida.

Recientemente visité la casa de un famoso actor australiano en Melbourne. Él sigue secretamente el feng shui. Me mostró la piscina, diseñada para fortalecer su área de fama usando los colores correctos: rojo, amarillo y verde.

La piscina tiene forma de riñón, un buen feng shui, curvándose hacia la mansión. Está embaldosada de amarillo, con reluciente agua verde y las iniciales del actor de color rojo en el fondo. "Luché mucho para conseguir agua verde en lugar de azul", dijo. "Evité explicar mis razones al práctico contratista de la obra".

¿Qué es un estanque de prosperidad?

Muchos seguidores del feng shui colocan un pequeño estanque en la esquina trasera izquierda de su propiedad, para fortalecer el área de prosperidad de la misma.

¿Dónde debería ubicar la piscina para mejorar la vida familiar?

Si revisa el diagrama del ba-gua presentado en el capítulo 3, encontrará que la piscina debe ser ubicada a medio camino en el lado izquierdo de su propiedad, en el área de la familia.

Hay una pequeña isla en el centro de mi estanque ornamental. ¿Cómo afecta esto el feng shui de los ocupantes de la casa?

Negativamente. Ponga un puente ornamental que cruce a la isla, de otra manera una persona en la casa se aislará de las demás. Por la misma razón, no coloque una roca grande en el centro del estanque.

¿Otras sugerencias para mejorar la energía de estanques ornamentales?

Imite el encanto de la naturaleza donde sea posible. Suavice el borde del estanque con plantas colgantes o rocas, en lugar de tener a la vista un borde de concreto descubierto. Adicione peces de colores y ninfeas (su forma redondeada es propicia) para tener más feng shui bueno.

Mantenga cerca relajantes sillas de jardín, para que esté tentado a sentarse junto al estanque y soñar.

Capítulo Trece

El color del buen feng shui

*con una antigua advertencia sobre
el desorden de trastos*

¿Qué colores promueven más paz y armonía?

Los colores pasteles producen el mejor feng shui en una habitación. El melocotón y albaricoque claros son en especial buenos. La psicología moderna está de acuerdo en que los colores pasteles crean armonía, y recomienda tranquilizantes tonos melocotón para hospitales, clínicas de reposo e interiores de cárceles.

Como colores simples, el rojo, verde y dorado irradian el mejor feng shui. Los chinos llaman al rojo el "color de la felicidad".

¿Qué colores son yin y cuáles son yang?

Todos los colores son yin o yang. Los asociados con el yin son el verde, azul, azul purpúreo y gris. El yang más importante es el rojo, amarillo, rojo purpúreo y naranja.

¿Por qué debería tener cuidado de habitaciones, casas y ropa de color totalmente blanco?

El blanco drena energía y se relaciona con luto, muerte y mala suerte. En Occidente, las casas, cocinas y baños de blanco han estado de moda por un tiempo —¡pero tenga cuidado!—.

En Australia, muchos casinos proveían transporte gratis en limosinas blancas a millonarios asiáticos para jugar en sus establecimientos. Pero éstos, conscientes de los efectos en la suerte, rehusaron tales ofertas.

Necesito un realce para el exterior de una casa toda de blanco . . .

Adicione un color fuerte, como el verde oscuro o borgoña, sobre chambranas, canales (de los tejados), contraventanas, marquesinas o cortinas.

Entiendo que el color melocotón es buen feng shui. ¿Es buena idea pintar todo el interior de la casa con este matiz?

Todo un interior pintado de melocotón es extremo. Siempre es mejor tener un equilibrio yin-yang. Para mayor armonía, adicione un color o material que haga contraste, tal vez en una chambrana de madera.

¿Qué colores de ropa estimulan la energía qi personal?

De nuevo, evite el blanco total, o adicione un toque de color en forma de una bufanda o accesorios. En Hong Kong, los odontólogos y enfermeras, quienes usan uniformes blancos, se les recomienda usar cintas rojas en las muñecas como revitalizantes por las noches. Si usted usa uniforme blanco, contrarreste el drenaje energético usando ropa interior roja, o en algún lugar de su cuerpo.

Los hombres que se sienten deprimidos deberían utilizar colores más vivos y alegres cuando sea posible. Los sombríos colores negro, gris, café y blanco, usados en el trabajo, les drenan su campo de energía qi personal. Al menos deberían cambiar de blanco a crema, y adicionar tonos vivos o pasteles en camisas, corbatas y medias. Muchos actores famosos siempre usan calcetines rojos para la suerte.

Voy a hacer el examen para obtener mi licencia de conducción, y necesito más confianza y energía. ¿Qué color debería usar?

Si tiene miedo, vista una prenda de color vivo como el rojo, cereza o escarlata, por ejemplo una blusa o chaqueta, para cargar su aura o campo de energía qi personal. Un pequeño pañuelo rojo no es suficiente, pero ropa interior del mismo color ayudará. Una prenda roja también funciona mejor que un artículo viejo.

¿Sabía que incluso Julio César usaba una capa roja para que le diera valor en la batalla? A menudo percibimos intuitivamente lo que ayudará.

Necesito pautas para amueblar interiores . . .

No planee todo usando la fría lógica —deje que la intuición fluya—. Algunos practicantes del feng shui
utilizan un péndulo para escoger entre dos colores
pasteles. El capítulo 14 le muestra cómo hacerlo.

¿Cómo mejorar el feng shui de un cuarto oscuro?

Adicione un tragaluz, pinte el interior de crema, melocotón, albaricoque o limón, y ponga flores claras.
Una luz extra también proyecta energía armoniosa.

**Escuché por casualidad que mi casa no tenía alma y
parecía el interior de un hotel barato . . .**

Su casa tendrá más carácter y mejor feng shui si refleja la verdadera personalidad de sus ocupantes. En
lugar de escoger grabados, pinturas u obras de arte
de artistas desconocidos, compre uno de un amigo o
alguien de su área. Los artículos hechos a mano también son feng shui bueno, al igual que las apreciadas
colecciones. Ya sea que coleccione conchas, platos de
porcelana o muñecas pequeñitas, haga una viva exposición cerca a la entrada. Los visitantes encontrarán que es un fascinante tema de charla.

No pretenda tener una casa perfecta. Exponga ese
florero desequilibrado que su hijo hizo en la escuela, o
el ajedrez que esculpió —incluso si las piezas se incli-
nan a un lado—. Estos objetos reflejan amor y armonizan su casa.

¿Puede algún arte moderno crear mal feng shui?

Sí. Hay arte moderno que luce feo o perturbador, y muchos temas muestran conflicto o violencia. Con el tiempo, siembran la misma semilla de conflicto en su casa. Platón, el famoso filósofo griego, pensaba que el arte era más sano si representaba armonía. Todos sufrimos algo de suficiente —escoja arte tranquilizante y bello para su vivienda—. Deje las piezas perturbadoras a museos y galerías, en lugar de exponerlas en su espacio de vida cotidiana.

Dónde debería poner un retrato de mi bisabuelo?

Muévalo del comedor, la cocina o lugares donde se consume o prepara comida. Las fotos o retratos de antepasados emiten energía yin, por eso es mejor ubicarlos en salas, donde la energía es yang.

¿Por qué es buen feng shui exponer instrumentos musicales?

Los instrumentos musicales representan armonía; crean energía serena y alegre en su casa o lugar de trabajo. Las flautas encabezan la lista.

¿Qué efecto tiene nuestra colección de pistolas y espadas antiguas?

Son mal feng shui, ya que crean energía de conflicto en su casa. Los periódicos a menudo muestran reportajes de personas pacíficas que, en el calor de una discusión, toman una de esas armas expuestas y causan grave daño a alguien. Después todos se asombran de cómo esa amable persona hizo algo tan terrible. Recientemente leí acerca de una pacífica maestra que asesinó a su esposo con una antigua arma expuesta sobre una pared. El conocimiento del feng shui pudo haber prevenido esta tragedia.

¿Dónde debería poner mi estatua de dragón?

Parándose en la puerta principal y mirando hacia fuera, ubique su dragón al lado izquierdo —el lado que protege el espíritu del dragón—. Muchas personas con chimeneas ubican cerca a estas criaturas que exhalan fuego. Otras prefieren que sus dragones estén junto a la entrada de la casa.

¿En qué parte de mi casa debería colocar el grabado de un tigre?

Parándose en la puerta principal y mirando hacia fuera, el espíritu del tigre protege el lado derecho de su casa. De este modo, colóquelo donde se sienta bien en el lado derecho. Sin embargo, si usted es conejo, o uno de los animales más pequeños del zodiaco chino, algunos expertos dicen que no debería colgar el grabado de un tigre, porque tiene una energía demasiado fuerte para su signo. Yo creo que si le gustan los tigres, es una señal de que pueden coexistir, pero medite bien el asunto.

¿Dónde podría colocar mi lámpara nueva para atraer buen feng shui?

Si necesita luz para claridad en un sitio, colóquela ahí. Si desea más feng shui bueno, revise las posiciones de su ba-gua y decida cuál va a activar. Tal vez quiera arreglar un problema, como una puerta en el área de prosperidad, con una hermosa luz.

Una buena amiga que me visita anualmente me regaló una estatua que creo que tiene mal feng shui. Ella se sentiría mal si no la expongo.

Entre las visitas de su amiga, envuelva la estatua con seda dorada como aislamiento. Manténgala fuera de la vista, lejos de la casa —en una maleta en el garaje sería ideal—.

¿Qué dice el feng shui sobre ubicación de relojes?

Sí. No ubique relojes que puedan ser vistos por cualquiera que abra la puerta principal.

¿Por qué el desorden implica mal feng shui?

Un famoso sabio chino advierte, "la energía qi se mueve como un bailarín y no puede ver un escenario atestado de objetos en desorden". En otras palabras, el desorden bloquea el flujo de qi, cansando a los ocupantes y manteniéndolos atascados.

¿Por qué el desorden cerca a una puerta principal atrae grandes problemas?

La puerta principal es la entrada más importante para que la energía qi fluya en su casa. Si es bloqueada con cosas en desorden, por ejemplo con viejos muebles o periódicos que esperan ser evacuados como basura, los residentes de la casa también se sentirán bloqueados y cansados. Mantener el desorden simboliza miedo del futuro.

Estoy agotado. ¿Cómo puedo atraer nueva energía?

Absurdo como suena, tome quince minutos para limpiar y ordenar un cajón de un escritorio o armario. Bote o regale lo que no necesite. Inmediatamente después sentirá una explosión de energía renovada. (¡Imagine el efecto si limpia una habitación entera!).

Nunca limpie grandes áreas a la vez. Terminará rindiéndose. No gaste más de quince minutos a media hora al día recogiendo el desorden de una habitación.

Capítulo Catorce

Rituales mágicos del feng shui

pasos fáciles para mejorar la suerte

¿Cómo puedo casarme o que me propongan dentro de dieciocho meses?

Para empezar, pídale a una amiga casada que le dé una copa —esto le transmite energía qi de matrimonio—. Comprar una copa no funciona. Consiga un anillo de boda dorado, sin importar si es barato. En el día, mantenga este anillo en la copa sobre la mesa de noche, junto con nueve granos de arroz y una cinta roja de ocho pulgadas de largo (o dieciocho centímetros —que no es la misma longitud, pero se utiliza por la influencia del número ocho o de suerte para el amor—).

Todas las noches, antes de acostarse, ponga el anillo en su dedo como lo haría con un anillo de boda. Duérmase sintiendo el anillo en su dedo, imaginando que ya está casada. Trate de realmente tener esta sensación cada noche. Si no lo hace una noche, no se preocupe. Dentro de dieciocho meses deberá estar casada o haber recibido una propuesta.

No puedo garantizar que se casará con su actual novio, si lo tiene. Muchas personas informan que alguien completamente desconocido llega a sus vidas, o de repente retorna un viejo amor.

No conozco muy bien a personas casadas para pedir una copa. ¿Qué otro objeto haría que el anterior ritual funcione?

No, este es un caso raro en el que debe seguir la regla. El feng shui es útil e ingenioso —el hecho de que sólo se relacione con personas solteras podría ser parte de su problema—.

Debe haber vecinos casados o gente cerca que podría llegar a conocer bien. Piense en sus colegas y parientes que también pueden ayudarla.

Por mucho tiempo hemos tratado de tener un bebé. ¿Puede ser de ayuda el método de estimular bebés del feng shui?

Muchas lectoras me han enviado historias exitosas y fotos de sus bebés —¡usted puede ser la siguiente!—.

El arte chino de la colocación dice que es importante preparar un cuarto especial para el bebé y comenzar a amoblarlo como si ya lo estuviera esperando. Si es posible, debe estar ubicada lejos de la puerta principal, en el fondo de la casa. (Ojalá su propia alcoba también esté localizada ahí).

Después, deje ocho granos de arroz durante la noche en la puerta principal de la sala o la habitación que considere el "corazón" de su casa. Luego ponga una pieza de ropa de bebé amarilla o blanca, en la posición de los niños del ba-gua de la sala —el centro de la pared que está a la derecha de la puerta que usted considera como la puerta de su habitación principal—. Esto activa fuerzas cósmicas favorables.

Use sólo amarillo y blanco, ya que estos colores armonizan con la sección correcta del ba-gua, un símbolo guía oriental que data de miles de años atrás.

La tradición del feng shui también dice que cuando usted quiera quedar embarazada, nunca desempolve debajo de la cama. Hacerlo perturba a los ling, o espíritus flotantes de niños que van a nacer. Y una vez que esté embarazada, no se mude de casa hasta que nazca el bebé.

¿Cuál es el remedio antiguo para atraer más atención del sexo opuesto?

Para lograr más citas, ponga un pequeño espejo redondo debajo de su colchón. El espejo puede ser de tamaño de cartera.

Se me olvidan cosas y nombres importantes. Necesito . . . ¿qué era? ¡Oh sí, la técnica de memoria mágica!

La técnica de la puerta yin o negra ayuda a cualquiera que tenga este problema. Cuando esté luchando por recordar algo, inhale y exhale lenta y profundamente, demorándose más en la exhalación, para que se relaje. Luego cierre los ojos e imagine una puerta negra frente a usted. Concéntrese en el color negro de treinta segundos a un minuto. (Visualice su bolso o zapatos negros si encuentra difícil esto). Ahora siga su día y deje de tratar de recordar. La respuesta surgirá en su mente sin esfuerzo más tarde, a través de la puerta yin, cuando esté ocupado en otras tareas.

En principio, la técnica puede tomar horas de trabajo. Con el tiempo funcionará en minutos.

¡Oh! Rompí un espejo. ¿Puedo evitar siete años de mala suerte?

Compre un espejo pequeñito más o menos de la misma forma, no del mismo tamaño, del que hizo pedazos. Un espejo de cartera servirá. Píntele el reverso de verde o cúbralo con papel de este color. Ahora llévelo al cruce más cercano que pueda encontrar, donde vea tierra descubierta en lugar de cemento. Entierre el pequeño espejo y vierta un vaso de agua sobre él. Luego tápelo con la misma tierra. El viento y el agua ahora se llevarán su mala suerte lejos de usted, hasta desaparecer en el horizonte.

Mi dolor de espalda me hace sentir más viejo que Confucio.

Ponga nueve tizas de color pastel con un poco de arroz crudo en un tazón pastel de vidrio o porcelana. Coloque el recipiente debajo de la cama, cerca a su espalda. Sáquelo cada mañana y póngalo cada noche. Espere una notable mejoría o la cura después de la primera noche.

¿Cómo tomo un romántico baño de perlas?

Todos los cuartos de baño tienen la influencia del poderoso dragón de agua, y los dragones no comen nada diferente a perlas. Por fortuna, no son exigentes en el comer —¡no insisten en perlas de Cartier!—. Incluso una perla falsa o un collar roto se convierte en un rico bocado.

Para estimular que el dragón de agua le dé buena suerte —o le cumpla un deseo romántico—, coloque una perla en su agua de baño cuando se prepare para un evento especial o para una encantadora velada.

Sólo puede alimentar al dragón de esta forma una vez al año, y es mejor dejar que la perla desaparezca con el agua de baño. De otra manera, entiérrela más tarde cerca a flores de colores claros.

¿Cómo alejo las tristezas en un par de minutos con la receta del pájaro rojo y el arco iris del feng shui?

Disfrutará este ensueño del pájaro rojo de un moderno consultor de feng shui. Suena simple, pero el efecto es poderoso. Cierre los ojos. Lentamente exhale, y luego inhale y exhale cuatro veces, demorándose mucho más en la exhalación. Esto lo relajará. Ahora imagine un amigable pájaro rojo volando hacia usted con un hermoso arco iris jalado desde el cielo. Enrolle el arco iris en su cuello y cuerpo como una bufanda, y siéntase animado. Permanezca con esta sensación por medio minuto. Ahora abra los ojos. Siga su día imaginando que aún usa su bufanda de arco iris. Utilice sólo dos a tres minutos en éste y el siguiente ejercicio. No mejorará el efecto haciéndolo por más tiempo.

Tengo que hacer una difícil tarea. ¿Puede ayudarme el feng shui?

Ya lo creo. Este ejercicio de ensueño podría sonar pueril, pero la imagen de su espíritu de tigre blanco irradia energía muy poderosa, y rápidamente lo ayuda a sentirse más valiente. Hágalo cuando necesite enfrentar a un director de escuela, para regresar mercancías defectuosas o pedir un aumento de sueldo.

Como antes, cierre los ojos y inhale y exhale cuatro veces, demorándose más en la exhalación. Ahora imagine que un amigable tigre blanco, el espíritu guardián del lado derecho de su casa, está merodeando. Luce feroz para todos excepto con usted. Véase llevando su tigre blanco con una traílla cuando se dirija a realizar su tenebrosa tarea. Sienta la nueva actitud valerosa que esto le da y permanezca con esta sensación aproximadamente medio minuto. Ahora abra los ojos y regrese a la vida cotidiana.

¿Cuál es la cura del feng shui para las verrugas?

¡Las verrugas son misteriosas en la forma en que llegan y se van! Para comenzar, moje un poco las verrugas con media taza de agua caliente en la cual se ha disuelto una pizca de jengibre. Ponga una moneda de plata y una cantidad de guijarros equivalente a las verrugas que tenga, dentro de un pedazo de tela roja atada con una cinta del mismo color.

Deje la bolsa en algún lugar abierto al viento y al agua, tal como un poste para cercas o una repisa de ventana. Después que haya llovido nueve veces sobre la bolsa, las verrugas desaparecerán. Luego entiérrela cerca a una puerta de salida, por ejemplo la de un jardín trasero. Esto asegura que las verrugas se irán para siempre.

Un anterior inquilino se suicidó en nuestra casa. ¿Cómo limpio la mala energía?

Muchas personas viven en casas donde ocurrió un asesinato o un espantoso accidente. Si siente que debe mudarse, adelante. Pero a menudo esto es imposible, y entonces será de ayuda la siguiente ceremonia del feng shui.

Ponga las cáscaras de nueve limones, toronjas o naranjas en un tazón de porcelana, y cúbralas con agua hirviente. Cuando ésta se enfríe, rocíela ligeramente en los límites del lugar donde ocurrió el desagradable evento.

Para mayor efectividad, cambie el color de la habitación al extremo opuesto del espectro. Por ejemplo, si la habitación es azul, cámbiela a un color pastel de tono cálido como el albaricoque, o viceversa.

Odio cortar un árbol, pero su posición frente a mi puerta principal es mal feng shui. Incluso podría caer sobre la casa. Antes de cortar árboles, ¿cuál es la tradicional ceremonia armonizante que se debe hacer?

La tradición del feng shui dice que si usted imprudentemente corta un árbol, puede esperar problemas dentales. Para prevenir desventuras, mezcle noventa y nueve gotas de vino tinto recién abierto con algo de plata, por ejemplo una moneda. Rocíe todo alrededor de la base del árbol, antes de cortarlo. Y si es posible, siembre algo nuevo en su jardín, pero pequeño, como compensación.

Si ha dejado el tronco del árbol, cultive hiedra cerca a la base y guíela a través de él. De otra manera, los residentes de la casa vecina pueden experimentar problemas en sus huesos.

Durante la construcción de mi casa discutí mucho con los constructores, dejando "malas vibraciones". ¿Cómo desarrollo la receta protectora de cambio de tierra del feng shui, antes de habitar la nueva casa?

Realice este antiguo ritual lo más pronto posible — ojalá antes de trabajar a fondo en su nuevo jardín—.

Mezcle noventa y nueve gotas de vino tinto recién abierto con nueve cucharadas (cucharas de postre) de arroz crudo, y tantos objetos de plata como las esquinas que haya en su propiedad. Luego adicione otros dos objetos de plata, por ejemplo monedas. Rocíe el vino tinto y el arroz en los límites de su propiedad. Luego entierre una moneda de plata en cada esquina y en ambos lados de la entrada para coches o entrada principal.

¿Cómo restauro las propiedades curativas de un gran cristal que dejé caer y se quebró?

Para restaurar sus propiedades curativas, deje el cristal en una repisa de ventana por la noche en la siguiente Luna llena. Si no puede esperar hasta entonces, introduzca el cristal en agua marina natural, que debería recoger en un plato de vidrio, porcelana o cerámica. De otra manera, deje el cristal rociado con sal marina durante la noche. (Las tiendas de alimentos para la salud usualmente venden sal marina).

¿Cómo limpio cristales usados para ser utilizados en el feng shui?

Nunca remoje cristales en agua caliente, ya que ésta los daña. De vez en cuando, límpielos pasándolos a través de una nube de incienso. Puede hacer el suyo con cáscara de naranja seca y quemada con una pequeña cantidad de salvia.

Las entrevistas de trabajo me ponen nervioso. ¿Tiene algunos consejos?

El arte chino de la colocación explica que usted se siente incómodo en entrevistas de trabajo porque está en un sitio psicológico y físico desconocido.

Para solucionar el primer problema, solicite trabajos que domina, de tal forma que se sienta relajado en las entrevistas. Escriba sus siete principales talentos laborales y luego comuníquelas en el menor tiempo posible.

Para ayudar en el segundo problema, visite el lugar donde tendrá la entrevista —al menos varios días antes del evento—. Cuando regrese, el feng shui dice que se sentirá más cómodo.

También será de ayuda la receta del collar de jade que hay a continuación.

Mi confianza y energía qi personal están en un nivel bajo, y estoy a punto de ir a un evento importante. ¿Cómo puedo recargarme?

Vincent Wu, el gran maestro de feng shui, llama a esta su receta del "collar de jade". Dice que cada cumplido que recibimos es como el regalo de un precioso abalorio de jade. El problema es que la mayoría de nosotros pierde estas hermosas bolas de energía alegre poco después que nos las dan. Su poder restaurador desaparece.

Compre una bonita libreta color jade y escriba todos los cumplidos que recuerde que le hayan hecho y los próximos que reciba. Ahora tiene una sarta o collar de preciosos abalorios de jade, con el poder para estimularlo y armonizarlo.

Repase su lista de cumplidos antes de ir temeroso a algún lugar, para que restaure su confianza y energía qi personal. Esto también estimulará su energía cuando esté rodeado por gente negativa que la absorbe (¡vampiros modernos!).

¿De qué debería tener cuidado cuando me arreglo frente a espejos?

No critique subconscientemente su apariencia. Esto crea una nube negra de energía qi destructiva a su alrededor. Luego el espejo refleja y aumenta esta oscuridad en el mundo, deprimiendo también a los demás ocupantes de la casa.

Al mirarse en un espejo, tenga el hábito de enfocarse en tres características de su aspecto que le agraden —incluso si es sólo su cabello brillante o el agradable color que está usando—.

Ahora está rodeada de energía qi dorada, que el espejo reflejará y aumentará. Se sentirá más feliz, al igual que quienes están junto a usted.

¿Cómo uso un péndulo para responder preguntas?

Use el péndulo cuando necesite respuestas de la parte intuitiva de su mente, en lugar de la parte fría y lógica. No todos practican esta técnica, pero ensáyela si no puede decidir entre dos colores o un esquema decorativo. El feng shui dice que la parte desconocida de su mente a menudo sabe más que la parte racional.

Como pesa, use cualquier objeto lo suficientemente pesado para que se balancee libremente. Escoja un anillo, abalorio, cristal, joya puntiaguda o un pequeño artículo de ferretería.

Ate la pesa a un hilo o cadena —de unas siete pulgadas o diecisiete centímetros—. Al ensayar podrá determinar cuál longitud es apropiada. Siéntese con el codo apoyado sobre una mesa, y deje que el péndulo cuelgue de sus dedos pulgar e índice.

Sostenga el péndulo y observe cómo puede balancearse de cuatro formas: horizontal, vertical, en el sentido de las manecillas del reloj, y al contrario de éstas. Piense "sí" por cerca de dos minutos y vea de qué forma comienza a moverse el péndulo. Luego piense "no" y observe lo mismo. Estas son sus direcciones personales. Son diferentes para cada individuo.

También puede establecer direcciones haciéndole al péndulo una pregunta que tenga una respuesta de sí o no, tal como "¿mis ojos son azules?"

Si en principio no tiene éxito, inténtelo de nuevo cuando esté más relajado. Algunas personas le dan al péndulo un pequeño toque para iniciar el movimiento, pero usualmente empieza a moverse poco después que se hace la pregunta. Recuerde concentrarse en la pregunta, no en la respuesta esperada.

Capítulo Quince

Extraño e inusual

preguntas poco comunes
sobre el feng shui

¿Creo que tengo un fantasma casero.
¿Qué hago ahora?

Si se siente incómodo por tener un fantasma en la casa (muchas personas viven felizmente con ellos), cambie la posición de la puerta principal de la habitación que él habita. Si la entidad deambula por toda la casa, cambie la posición de la puerta principal de la vivienda. Los fantasmas se confundirán y desorientarán; ya no se sentirán "en casa" y se marcharán. Otra cura es dejar una luz prendida todo el tiempo en la habitación con fantasmas —una araña de luces de minicristales servirá—.

Si sólo quiere protección, cuelgue una o dos flautas donde la presencia se sienta más fuerte.

Mi auto estuvo en un accidente. ¿Puedo remediar las malas vibraciones?

Este es un problema muy común y, sí, hay una cura del feng shui, adaptada de un tradicional remedio para la mala energía. Cubra las cáscaras de nueve limones, toronjas o limas con agua hirviente. Deje que ésta se enfríe, luego rocíela en todo el interior del carro. Asegúrese de incluir el volante y las ruedas.

Si se siente muy intranquilo, cambie el color del auto por el extremo opuesto del espectro de colores.

¿Puedo practicar el feng shui sin darme cuenta? Veo que sigo muchos principios en forma natural.

Sí, y felicitaciones por su aguda intuición —una habilidad estrechamente ligada con el feng shui—. Muchas personas instintivamente cuelgan un espejo encima de la repisa de la chimenea y ubican a la gente correctamente en los asientos de visitas honorables y del dragón, que miran a la puerta.

¿Tiene algunos consejos especiales del feng shui para recién casados?

Desde luego. Su primera casa juntos es un lugar mágico y vive en su corazón mucho después de que el confeti ha sido tirado a los cuatro vientos. Disfrútela *ahora*. Gasten en pequeños lujos para la casa que ambos quieran. No viva en el futuro, ahorrando locamente para comprar una gran mansión.

Estoy confundido. Leí un libro norteamericano que afirma que las campanas y tubos sonoros no deberían ser usados . . .

¡De cada cien expertos, uno siempre parece estar en desacuerdo con los otros noventa y nueve! Por ejemplo, uno que otro experto en medicina dice que fumar no perjudica la salud, y un especialista en piel puede afirmar que consumir tres cajas de chocolates no afectará el cutis. Pasa lo mismo en el feng shui.

Con toda seguridad, las campanas y tubos sonoros metálicos son buen feng shui. La mitad de estos objetos en el mundo son hechos con dicho propósito. Siempre y cuando emitan un sonido armonioso, atraerán un excelente feng shui.

¿Cuáles son los números de la suerte para la licencia de mi auto u otra cosa?

Use una mezcla de ocho y nueve en la combinación que sienta apropiada. En Hong Kong, las personas pagan enormes sumas por estos números en las licencias de los autos. El 168 y 68 son considerados de muy buena suerte, al igual que el 66 y 88.

¿Cómo se llama la brújula redonda del feng shui con marcas peculiares? ¿Necesito una?

Un *luopan*. Usted no lo necesitará con el feng shui internacional de la puerta del dragón.

El trabajo me causa mucho estrés. ¿Puede ayudarme el feng shui?

Sí, aunque parezca extraño, usted necesita respirar como uno de los espíritus protectores, la tortuga negra, lenta y profundamente. Maestros del feng shui dicen estar más relajados y vivir más tiempo; observe los animales. Un perro respira rápidamente y vive un promedio de diez a catorce años, pero una tortuga lo hace muy lentamente (sólo una vez cada cinco minutos en ciertos casos), y algunas viven hasta 150 años. Use joyas que representen una tortuga para que se acuerde.

Estoy buscando un nombre con buen feng shui para estimular la energía de éxito de mi bebé . . .

Siempre es mejor feng shui escoger un nombre poco común, incluso uno que usted invente, ya que irradiará energía qi más fresca y fuerte, guiando a su bebé hacia el éxito. Como los quesos viejos, los nombres pueden gastarse y pasar su fecha de expiración.

Esto no significa que usted no puede triunfar con un nombre popular —pero será más difícil—.

Tiger Woods, el famoso golfista, es el centro de atención debido a su gran nombre de pila, Tiger, que está colmado de buen feng shui. Sin este nombre, quizás el éxito se habría retrasado. Oprah Winfrey también es ayudada por su nombre de pila.

Vivo en una casa rodante. ¿Cómo puedo mejorar mi energía y suerte?

A menudo las casas rodantes, o caravanas, sólo tienen una puerta que puede causar un bloqueo de energía, originando contratiempos y riñas. Cuelgue un espejo delgado y largo sobre una pared trasera, a fin de que forme una salida artificial para la energía bloqueada. Pronto notará la atmósfera mejorada.

Sus cocinas casi siempre están bien ubicadas, y es posible cocinar mirando a la puerta en la "posición del cocinero pacífico". Si no puede, cuelgue un juego de campanas o tubos sonoros cerca a la entrada.

Vivimos en un yate. ¿Algunas sugerencias del feng shui para nosotros?

Los yates están rodeados por energía yin o femenina de mucha agua. Para contrapesar con energía yang, pinte su interior con cualquier tonalidad de limón, amarillo o albaricoque. Paneles de madera también se ven agradables.

¿Lo peor de los yates en términos del feng shui? La mayoría de camarotes están ubicados "debajo". Cuando baje, se sentirá como si estuviera entrando a un sótano, aislado de los vivos efectos del viento y el agua.

Levante los niveles del piso en los camarotes, de tal forma que pueda ver ventanas cuando se pare. Haga lo mismo para la cubierta de salón y el área de sentado. Mantenga los techos de color claro y, si es posible, aumente el tamaño y número de portillas. Trate de tener mesas y bancos curvados en lugar de rectangulares o con bordes agudos.

Tenga en cuenta la iluminación —una de las nueve curas celestes—. Muy a menudo es muy débil, lo cual crea discordia y melancolía. Instale luces fuertes encima de la cabecera de cada litera, y asegúrese de que haya un espejo grande abajo para que actúe como una puerta trasera artificial, y así evitar obstáculos y riñas. En largos viajes use ropa amarilla, también el color del elemento tierra, para bloquear el qi del agua y animar su espíritu.

¿Por qué muchos chinos evitan el número cuatro?

Debido a que la palabra "cuatro" suena como "morir" en chino. Por esta razón, muchos hoteles en Hong Kong no tienen un piso cuatro o catorce. Esto no es parte del feng shui, sólo superstición china.

Algunos asiáticos no compran una casa "número cuatro", de la misma forma que algunos occidentales no viven en un "número trece". Si trata de vender una casa "cuatro", adicione una minifuente cerca al número de la calle, pero no hay garantía. Hay muchas personas que viven felices en casas con el número cuatro.

Tenga en cuenta que el cuatro también está ligado al renacimiento y se relaciona con el romance, las artes y la literatura.

Estoy buscando casa urgentemente. ¡Rápido!

Un consejo importante . . .

Escoja un lugar que le guste con la primera impresión. No se fíe sólo de la lógica. ¡Sí, esto podría significar que vivirá en una casa flotante o un desván!

He sido esclavo de una rutina durante muchos años. ¿Cómo mejoro mi vida?

Su problema equivale a vivir en un lugar demasiado tiempo —se estanca y su campo de energía qi se debilita—. Para mejorar su vida, el arte chino de la colocación le sugiere cambiar la posición de veintisiete cosas de su vida, incluyéndose usted mismo. Haga compras en un nuevo supermercado; tome una ruta diferente para ir a trabajar o un lugar que regularmente visita; vaya a un sitio completamente nuevo cada semana, como a una clase nocturna de un tema que le interese. Cuando se sienta atascado, también debe deshacerse de cosas que ya no le sirven.

A medida que los años pasan, ¿cambia el feng shui de mi casa?

Usualmente sí cambia, porque todas las cosas cambian, incluyendo nuestro entorno. Diferentes edificios o torres altas pueden aparecer en su alrededor, al igual que nuevas influencias como vecinos diferentes, o un parque o escuela frente a su casa. Mantenga su entorno en equilibrio utilizando las curas del feng shui.

Me he vuelto a casar y viviré en la misma casa donde mi esposo vivía infelizmente. ¿Cómo puedo cambiar el aura de la casa sin grandes costos?

Cambie el color de la puerta principal y la trasera por el otro extremo del espectro. Por ejemplo, si ahora son color crema, cámbielas por rojo vivo, o consiga puertas de madera.

Tan pronto como pueda, pinte el interior usando los mismos principios. Cuelgue un juego de campanas o tubos sonoros cerca a la puerta principal, y desarrolle el antiguo ritual de limpieza cítrica del capítulo 14.

¿Cuáles son los tres aspectos del feng shui más importantes en una casa?

Asegúrese de que su cama y la estufa estén bien ubicadas, y que "flechas venenosas" no ataquen la puerta principal de su casa.

¿Cómo podemos mejorar el feng shui del establo de mi caballo de carreras?

Muchos establos tienen un pasaje largo y central que divide las casillas de los caballos. Esto puede permitir que la energía qi avance con rapidez. Cuelgue un juego de campanas o tubos sonoros a medio camino para mejorar el flujo de energía. Los caballos se aburren fácilmente, por eso disfrutan del sonido. Mantenga un radio en el área de prosperidad del ba-gua del establo, y déjelo prendido unas pocas horas cada día para activar la energía qi. Debe haber abundante aire y luz, y también permita que los caballos pasen un buen tiempo fuera de los establos.

Bart Cummings, el mundialmente famoso entrenador de caballos de carreras, usó varias técnicas del feng shui en 1996 con Saintly, el ganador de la copa Melbourne. ¡Ese día Saintly obtuvo un gran premio de más de 1.3 millones de dólares!

¿Cuál es un regalo inusual con buen feng shui para el estreno de la casa de un amigo que tiene todo?

Una veleta que muestre un gallo, caballo, dragón o criatura de presagio positivo, es feng shui bueno y está de moda. Las veletas se han convertido en objetos de entusiastas coleccionistas. ¡Incluso Steven Spielberg tiene una!

El movimiento circular de la veleta sobre la casa, crea una cura celeste que atrae energía armoniosa a los residentes. Podría también averiguar el signo del zodiaco animal chino de su amigo. Estos signos son presentados en el capítulo 16.

Mi pregunta sobre el feng shui no está listada. ¿Cómo puedo resolverla?

Siéntese en silencio diez minutos cada día, con los ojos cerrados y escuche. Con el tiempo se conectará con su sabiduría interior, particularmente si se sienta en el área de la sabiduría de una habitación, o algún lugar que encuentre hermoso, en especial la naturaleza. Después de un tiempo, le llegará la respuesta.

¿Puedo usar el feng shui para vender rápido mi casa?

Sí. Tome una foto o anuncio de la casa, péguele un letrero rojo o verde de "vendido", y póngalo en el punto de personas serviciales del ba-gua. Manténgalo en un marco blanco y negro, o con cintas blancas y negras cerca. Mire la foto un par de minutos en la mañana y al acostarse. Y deje de hablar de cosas difíciles de vender —perturbará el campo de energía qi de su entorno—.

Si sólo recordara una cosa importante de este libro, ¿cuál sería?

Cada vez que tenga una vaga sensación de intranquilidad, es una indicación de mal feng shui, destinada a ayudarlo. Tome nota. No importa si la sensación involucra una casa, persona, evento o lugar.

Una famosa profesora australiana (una de los pocos sobrevivientes a un ataque de cocodrilo), dijo hace poco que cuando llegó al sitio donde fue atacada, ignoró "una muy vaga sensación de intranquilidad". Poco después, estaba atrapada en las mandíbulas del animal. De milagro sobrevivió. Ella concluyó que la vida civilizada nos hace ignorar estas vagas pero útiles sensaciones, y desde entonces juró escucharlas.

Otra persona me contó que cuando se mudó a una pequeña oficina en Melbourne, que pertenecía a una organización financiera, meditó vagamente sobre cómo le disgustaba su nombre. La oficina le produjo una leve sensación negativa.

Pasaron unos años, la organización creció y la mujer olvidó aquella sensación. Su vida era la compañía. La organización quebró y su dinero fue embargado un largo tiempo. "Si hubiera conocido el feng shui, me habría evitado muchos problemas económicos y emocionales", dijo ella suspirando.

Recuerde estos ejemplos cada vez que tenga una vaga sensación de feng shui bueno o malo. Este antiguo arte oriental es muy sutil, pero lo ayudará enormemente en su viaje por la vida, en formas que usted no puede empezar a imaginar.

Capítulo Dieciséis

Luz de Luna yin y luz del día yang

sus encantos de buena suerte

¿Realmente existe la suerte?

Si. ¡Ya lo creo! De otra manera, cómo explicaríamos situaciones cuando algunas personas se ganan la lotería y cosas de menor valor. La estadística dice "¡imposible!". Sin embargo, sucede con algunos individuos. La suerte los colma de bendiciones, y por lo tanto, llevan una vida encantada.

¿Cuántos tipos de suerte existen?

Los chinos, quienes han acumulado secretos de buena suerte desde el siglo II a. de C., clasifican la suerte en tres formas. Su suerte celeste o destino está escrita en los cielos —usted no puede hacer mucho al respecto—. Luego está su suerte yang o de luz del día y yin o de luz de Luna, que pueden ser mejoradas con encantos cósmicamente correctos.

Para mejorar su suerte terrenal, también puede ajustar su espacio vital o de trabajo de acuerdo a las reglas del feng shui.

¿Cómo hacen los encantos de buena suerte para que la fortuna nos sonría?

Sus encantos de buena suerte yang (luz del día) y yin (luz de Luna) se conectan sobre una base cósmica con su signo del zodiaco animal —que corresponde a su año de nacimiento—. Usar los encantos de buena suerte o ponerlos en su entorno, armoniza su campo de energía para atraer fuerzas positivas.

La armonía es una de las siete principales fuerzas del universo. Atrae hacia usted todas las cosas buenas: paz, prosperidad, felicidad, salud, alegría, suerte y amor.

¿Pueden mis encantos de buena suerte darme confianza en ocasiones especiales?

Sin lugar a dudas. Muchas cartas que recibo de mis lectores prueban que esta es una de las principales razones por las que las personas disfrutan tener sus encantos de buena suerte. Cuando se sienta nervioso o necesite más confianza para un evento especial, desde una entrevista de trabajo hasta un proceso jurídico o una encantadora velada, use los encantos de buena suerte o póngalos en su bolso.

Entre más tiempo posea sus encantos de buena suerte, más fuerte e individual será la fuerza qi positiva que se acumula en ellos. Por esta razón, nunca debe prestar sus encantos a otras personas. Los encantos también trabajan de una tercera forma —ayudan a neutralizar la mala suerte que se encuentre en su camino—.

¿Qué personas ricas y famosas de la historia han creído en la suerte?

Nombremos sólo unos pocos. El gran Napoleón siempre preguntaba primero sobre un probable asociado: "¿tiene él suerte?". Si la respuesta era "no", Napoleón evitaba o no aceptaba a la persona. Y el norteamericano John Paul Getty —un millonario a los veintidós años de edad—, llamó a todos sus primeros éxitos "pura suerte". De igual manera, el fabulosamente rico Rothchilds, creía en la suerte y aconsejaba "nunca tener nada que ver con un lugar que dé mala suerte".

¿Cuáles son los encantos de buena suerte yin o de luz de Luna y yang o de luz del día?

Yin y yang son nombres para dos fuerzas opuestas pero iguales en el universo. Cada uno de los doce signos animales tradicionales en el zodiaco chino, tiene un encanto de buena suerte yin (de luz de Luna) y yang (de luz del día).

¿Cuál es mi signo animal del zodiaco chino?

La siguiente lista aparece en todo el mundo en revistas y periódicos. Busque su año de nacimiento y encuentre el signo correspondiente.

Perro: 1922, 1934, 1946, 1958, 1970, 1982, 1994, 2006, 2018

Cerdo: 1923, 1935, 1947, 1959, 1971, 1983, 1995, 2007, 2019

Rata: 1924, 1936, 1948, 1960, 1972, 1984, 1996, 2008, 2020

Buey: 1925, 1937, 1949, 1961, 1973, 1985, 1997, 2009

Tigre: 1926, 1938, 1950, 1962, 1974, 1986, 1998, 2010

Conejo: 1927, 1939, 1951, 1963, 1975, 1987, 1999, 2011

Dragón: 1916, 1928, 1940, 1952, 1964, 1976, 1988, 2000, 2012

Serpiente: 1917, 1929, 1941,1953, 1965,1977, 1989, 2001, 2013

Caballo: 1918, 1930, 1942, 1954, 1966, 1978, 1990, 2002, 2014

Oveja: 1919, 1931, 1943, 1955, 1967, 1979, 1991, 2003, 2015

Mono: 1920, 1932, 1944, 1956, 1968, 1980, 1992, 2004, 2016

Gallo: 1921, 1933, 1945, 1957, 1969, 1981, 1993, 2005, 2017

¿Cuáles son mis encantos de buena suerte yin y yang del feng shui?

Animal	Yang de luz del día	Yin de luz de Luna
Rata	Piano	Arpa
Buey	Tetera	Campana
Tigre	Tijeras	Zapato
Conejo	Gato	Barco
Dragón	Llave	Anillo de perla
Serpiente	Tortuga	Ave
Caballo	Pato	Sombrero
Oveja	Linterna	Criatura marina
Mono	Máscaras	Luna
Gallo	Monedero	Botella de vino
Perro	Mandolina	Mariposa
Cerdo	Cisne	Hada acuática

Hablando de encantos de buena suerte, ¿Por qué los nacidos en las primeras seis o siete semanas del año occidental, son conocidos como personas de doble felicidad o dobles bendiciones?

Estas personas están en una situación inusual y favorable. Si lo desean, pueden escoger entre dos signos de encantos chinos. Esto se debe a la diferencia de hasta siete semanas entre el año chino y el occidental. (El año chino no es fijo como el nuestro; puede comenzar en cualquier día de enero hasta mediados de febrero).

Revistas y periódicos de todo el mundo publican los signos animales del zodiaco chino en una corta versión, que corresponden por lo general a nuestros años occidentales. De este modo, 1962 sería conocido como un año del tigre. Alguien nacido en ese año tendría como encantos de buena suerte yang y yin unas tijeras y un zapato.

Sin embargo, imagine que usted nació en las primeras seis o siete semanas de 1962. Diríjase al detallado calendario chino presentado al final en el apéndice. Aquí podría encontrar que está clasificado bajo el signo zodiacal chino del año anterior, en lugar del que aparece en la lista corta comúnmente publicada.

De este modo, si usted nació en 1962 en cualquier día hasta febrero 4, realmente aún está en el año del buey en el detallado calendario chino, con diferentes encantos de buena suerte.

Muchos astrólogos y maestros de feng shui chinos concuerdan, junto con jueces en sistemas legales, en que el uso común de millones de personas cambia los resultados. Así, incluso quienes nacen en las primeras seis o siete semanas, caen bajo la influencia del tigre por asociación y uso masivos. Para resumir, si ha nacido en las primeras siete semanas, puede escoger el juego de encantos yin o yang que prefiera.

Pregúntese con cuál signo del zodiaco animal se siente más relacionado. A menudo la clave está en cuál animal le gusta más. También puede revisar las características de cada signo. O, como dicen los chinos, pregúntese qué animal esconde en su corazón.

Muchos que conozco en esta categoría, usan los seis encantos de buena suerte para los dos signos.

¿Hay historias sobre los grupos de tres encantos de buena suerte del feng shui? Cuéntenos algunas . . .

Sí, las hay —unas cortas y otras largas—. Por ejemplo, los encantos del tigre presentan un zapato y unas tijeras pequeñitas. El zapato se relaciona con el pie, que para un veloz tigre merodeador es una fuente de suerte y fortaleza. Las tijeras se refieren al poder del todopoderoso tigre para "cortar" la vida.

El buey, la tetera y la campana se relacionan con un mito chino. Éste habla de un buey de buena suerte que poseía una tetera mágica y nunca tuvo que arar la tierra como otros bueyes que trabajaban duro. Todas las cosas buenas fluían de esta tetera —comida, bebida, plata, oro, amor y suerte—.

En una Luna llena, mientras el afortunado buey dormía, los otros bueyes, ligados por intereses terrenales, trataron de robar la tetera celestial. Pero cada noche el animal se quitaba su campanilla de cuello y la colgaba cerca a la tetera. Cuando la campanilla tintineaba, el buey de la buena suerte despertaba y escapaba a los cielos con su tetera. En cada Luna llena, si usted mira hacia la derecha del cielo norteño, puede ver el buey, la tetera de la suerte y la campana que se perfilan en las estrellas. (Al escribirse esto, no todas las historias de cada juego de encantos han sido traducidas del chino original).

¿Estaría bien usar mi encanto yang sólo en la luz del día y el encanto yin sólo en la luz de Luna?

Use su intuición. Cada juego de encantos se siente diferente para quien lo tiene. A algunos les gusta ajustar sus encantos al uso con luz de Luna o del día. Otras utilizan los tres encantos todo el tiempo.

Soy un tigre y mi encanto de luz de Luna es un zapato. ¿Importa qué clase de zapato escoja?

No. Para estos encantos del tigre he visto un zapato de tacón alto pequeñito, una sandalia de oro en miniatura, una bota de vaquero, un zapato de lona con suela de goma y un patín de hielo con esmalte dorado y blanco. Todos atraen buena suerte.

¿Es importante el material del cual están hechos los encantos de buena suerte?

No. Pero, por lo general muchas personas prefieren oro, plata, cristal o piedras preciosas.

Estoy pasando por un proceso jurídico exasperante. ¿Puedo llevar en el bolso encantos de buena suerte?

Sí. Sus encantos no necesitan estar visibles para atraer buena suerte.

¿Pueden los encantos ser usados en la decoración de habitaciones o de otras formas?

Desde luego. En su oficina, podría usar una versión grande de un encanto, por ejemplo un pisapapeles.

Esto adiciona energía qi buena a su entorno y neutraliza el efecto de compañeros de trabajo malhumorados.

Un encanto más pequeño, por ejemplo una mariposa, podría ser utilizado como prendedor, llavero o adorno. También podría preferir una colección completa de pinturas de mariposas enmarcadas, como una exposición de pared.

¿Cómo puedo usar los encantos de buena suerte de mi bebé en su cuarto?

Úselos en un hermoso móvil que cuelgue encima de la cabeza del niño, sobre un friso, como motivos de cuna, cuadros de pared, dobladillo de cobija, o incluso bordados en la ropa del bebé.

Un cuarto que vi para un bebé cerdo, tenía un creativo mural de un lago con cisnes y hadas acuáticas. Éstas también se encontraban en la base de la lámpara del bebé. No hay límite en la forma de aplicar los encantos de buena suerte yin y yang.

¿Cómo puedo discretamente incorporar los encantos de buena suerte de mi esposo en su lugar de trabajo?

Si su esposo trabaja en una oficina en el día, ¿qué tal un regalo de un pisapapeles como encanto yang de luz del día? Por ejemplo, a un hombre serpiente se le podría dar un pisapapeles de latón en forma de tortuga.

Un hombre caballo que conozco está emocionado con el pisapapeles de jade en forma de pato que su esposa le regaló para su oficina en casa.

¿Es buen feng shui coleccionar objetos de buena suerte?

¡Claro! Encontrará que hay algo casi mágico al coleccionar cosas. Cuando los amigos se enteren de su pasión, le enviarán artículos de todas partes, incluso de sus viajes al extranjero.

Los encantos de la buena suerte llegarán a su puerta cargados con gran energía.

¿Es cierto que la reina Isabel de Inglaterra colecciona encantos de buena suerte?

Sí, y en su mayor parte son regalos de sus hijos. Muchos tienen un tema animal, y su colección incluye perros en miniatura (a ella le encanta el corgis), caballos, sillas y zapatos de montar. ¡Coleccionar objetos de buena suerte es una costumbre real!

¿Dónde puedo obtener los encantos de buena suerte distintivos del feng shui que se relacionan con mi signo zodiacal chino?

Si desea invertir en sus tres encantos de buena suerte en preciosa plata de ley, incluyendo su signo yin de luz de Luna y yang de luz del día, diríjase a mi dirección en la red:

www.luckycharms.magshop.com.au.

Cada juego de encantos característicos del feng shui, ha sido puesto sobre mi ba-gua personal para buena suerte extra.

Estoy totalmente en la ruina. ¿Cómo puedo aumentar mi prosperidad?

Liste los lugares opulentos de su área. En su ciudad, por ejemplo, pueden ser sectores con viviendas u hoteles lujosos. Una vez a la semana vaya a estos sitios al menos una hora, y absorba la energía qi próspera. El arte de la colocación dice que debe hacerlo regularmente para absorber nuevas ideas y pensamientos prósperos. Observará que empiezan a ocurrirle pequeños eventos afortunados. Pronto se multiplicarán y crecerán.

Si vive en un pueblo o campo, compre o pida prestada en la biblioteca una revista lustrosa que muestre lo mejor en autos, muebles, joyas o casas. La publicación norteamericana *Architectural Digest* es ideal. Disfrute una hora a la semana de las ilustraciones. Esto empezará a sacarlo de su estado de "lugar pobre". También podría poner algunos cuadros de artículos de lujo en su alcoba, en el área de prosperidad.

¿Otras formas fáciles de mejorar la suerte que no cuesten un centavo?

Desde luego. Deliberadamente mézclese con personas felices y afortunadas, cuya energía qi influirá en usted.

Valore a sus asociados. Evite a los que siempre se quejan y critican. Y si es una mujer soltera: tenga cuidado de hombres pesimistas que quieren sacarla para "quejarse y cenar". La suerte prefiere compañeros como alegría y armonía.

Apéndice: Descubra el elemento de su año de nacimiento

Una vez más, ¿qué significan los cinco elementos?

Los cinco elementos son cinco comportamientos, cualidades o patrones básicos de energía vital qi. Aunque son llamados madera, fuego, tierra, metal y agua, estos son nombres simbólicos, no los elementos reales. Cada uno controla o nutre a otro de los cinco.

¿Qué revela sobre mí el elemento de mi año de nacimiento?

Brevemente, los nacidos bajo fuego tienden a ser seguros de sí mismos, resueltos y líderes naturales; pero su lado negativo es el egoísmo o la violencia. Las personas que están regidas por tierra son sólidas y confiables, pero no es buena la exagerada cautela que tienen. Los nacidos bajo metal usualmente están orientados a objetivos y son independientes, con el lado negativo de la rigidez. Las personas nacidas bajo el elemento agua se comunican bien; son sensibles y flexibles, y a veces carecen de firmeza. Quienes nacen bajo el elemento madera son duros trabajadores con habilidad ejecutiva; su otro lado es la arrogancia o melancolía.

Por fortuna, el conocimiento del feng shui ayuda a dar armonía y equilibrio a todos los elementos.

Año	Signo	Elemento	Inicio del año
1900	Rata	Metal	31 ene 1900
1901	Buey	Metal	19 feb 1901
1902	Tigre	Agua	8 feb 1902
1903	Conejo	Agua	29 ene 1903
1904	Dragón	Medera	16 feb 1904
1905	Serpiente	Medera	4 feb 1905
1906	Caballo	Fuego	25 ene 1906
1907	Oveja	Fuego	13 feb 1907
1908	Mono	Tierra	3 feb 1908
1909	Gallo	Tierra	22 ene 1909
1910	Perro	Metal	10 feb 1910
1911	Cerdo	Metal	30 ene 1911
1912	Rata	Agua	18 feb 1912
1913	Buey	Agua	6 feb 1913
1914	Tigre	Medera	26 ene 1914
1915	Conejo	Medera	14 feb 1915
1916	Dragón	Fuego	3 feb 1916
1917	Serpiente	Fuego	23 ene 1917
1918	Caballo	Tierra	11 feb 1918
1919	Oveja	Tierra	1 feb 1919
1920	Mono	Metal	20 feb 1920
1921	Gallo	Metal	8 feb 1921
1922	Perro	Agua	28 ene 1922
1923	Cerdo	Agua	16 feb 1923
1924	Rata	Medera	5 feb 1924
1925	Buey	Medera	24 ene 1925
1926	Tigre	Fuego	13 feb 1926
1927	Conejo	Fuego	2 feb 1927
1928	Dragón	Tierra	23 ene 1928
1929	Serpiente	Tierra	10 feb 1929
1930	Caballo	Metal	30 ene 1930

Año	Signo	Elemento	Inicio del año
1931	Oveja	Metal	17 feb 1931
1932	Mono	Agua	6 feb 1932
1933	Gallo	Agua	26 ene 1933
1934	Perro	Medera	14 feb 1934
1935	Cerdo	Medera	4 feb 1935
1936	Rata	Fuego	24 ene 1936
1937	Buey	Fuego	11 feb 1937
1938	Tigre	Tierra	31 ene 1938
1939	Conejo	Tierra	19 feb 1939
1940	Dragón	Metal	8 feb 1940
1941	Serpiente	Metal	27 ene 1941
1942	Caballo	Agua	15 feb 1942
1943	Oveja	Agua	5 feb 1943
1944	Mono	Medera	25 ene 1944
1945	Gallo	Medera	13 feb 1945
1946	Perro	Fuego	2 feb 1946
1947	Cerdo	Fuego	22 ene 1947
1948	Rata	Tierra	10 feb 1948
1949	Buey	Tierra	29 ene 1949
1950	Tigre	Metal	17 feb 1950
1951	Conejo	Metal	6 feb 1951
1952	Dragón	Agua	27 ene 1952
1953	Serpiente	Agua	14 feb 1953
1954	Caballo	Medera	3 feb 1954
1955	Oveja	Medera	24 ene 1955
1956	Mono	Fuego	12 feb 1956
1957	Gallo	Fuego	31 ene 1957
1958	Perro	Tierra	18 feb 1958
1959	Cerdo	Tierra	8 feb 1959
1960	Rata	Metal	28 ene 1960
1961	Buey	Metal	15 feb 1961

Año	Signo	Elemento	Inicio del año
1962	**Tigre**	Agua	**5 feb 1962**
1963	**Conejo**	Agua	**25 ene1963**
1964	**Dragón**	Medera	**13 feb1964**
1965	**Serpiente**	Medera	**2 feb 1965**
1966	**Caballo**	Fuego	**21 ene 1966**
1967	**Oveja**	Fuego	**9 feb 1967**
1968	**Mono**	Tierra	**30 ene 1968**
1969	**Gallo**	Tierra	**17 feb 1969**
1970	**Perro**	Metal	**6 feb 1970**
1971	**Cerdo**	Metal	**27 ene 1971**
1972	**Rata**	Agua	**15 feb 1972**
1973	**Buey**	Agua	**3 feb 1973**
1974	**Tigre**	Medera	**23 ene 1974**
1975	**Conejo**	Medera	**11 feb 1975**
1976	**Dragón**	Fuego	**31 ene 1976**
1977	**Serpiente**	Fuego	**18 feb 1977**
1978	**Caballo**	Tierra	**7 feb 1978**
1979	**Oveja**	Tierra	**28 ene 1979**
1980	**Mono**	Metal	**16 feb 1980**
1981	**Gallo**	Metal	**5 feb 1981**
1982	**Perro**	Agua	**25 ene 1982**
1983	**Cerdo**	Agua	**13 feb 1983**
1984	**Rata**	Medera	**2 feb 1984**
1985	**Buey**	Medera	**20 feb 1985**
1986	**Tigre**	Fuego	**9 feb 1986**
1987	**Conejo**	Fuego	**29 ene 1987**
1988	**Dragón**	Tierra	**17 feb 1988**
1989	**Serpiente**	Tierra	**6 feb 1989**
1990	**Caballo**	Metal	**27 ene 1990**
1991	**Oveja**	Metal	**15 feb 1991**
1992	**Mono**	Agua	**4 feb 1992**

Año	Signo	Elemento	Inicio del año
1993	**Gallo**	Agua	**23 ene 1993**
1994	**Perro**	Medera	**10 feb 1994**
1995	**Cerdo**	Medera	**31 ene 1995**
1996	**Rata**	Fuego	**19 feb 1996**
1997	**Buey**	Fuego	**7 feb 1997**
1998	**Tigre**	Tierra	**28 ene 1998**
1999	**Conejo**	Tierra	**16 feb 1999**
2000	**Dragón**	Metal	**5 feb 2000**
2001	**Serpiente**	Metal	**24 ene 2001**
2002	**Caballo**	Agua	**12 feb 2002**
2003	**Oveja**	Agua	**1 feb 2003**
2004	**Mono**	Medera	**22 ene 2004**
2005	**Gallo**	Medera	**9 feb 2005**
2006	**Perro**	Fuego	**29 ene 2006**
2007	**Cerdo**	Fuego	**18 feb 2007**
2008	**Rata**	Tierra	**7 feb 2008**
2009	**Buey**	Tierra	**26 ene 2009**
2010	**Tigre**	Metal	**10 feb 2010**
2011	**Conejo**	Metal	**3 feb 2011**
2012	**Dragón**	Agua	**23 ene 2012**
2013	**Serpiente**	Agua	**10 feb 2013**
2014	**Caballo**	Medera	**31 ene 2014**
2015	**Oveja**	Medera	**19 feb 2015**
2016	**Mono**	Fuego	**9 feb 2016**
2017	**Gallo**	Fuego	**28 ene 2017**
2018	**Perro**	Tierra	**16 feb 2018**
2019	**Cerdo**	Tierra	**5 feb 2019**
2020	**Rata**	Metal	**25 ene 2020**

Índice